Christine Nack

Der Weinstock im Garten

- Wein- und Tafeltrauben für den Hausgarten
- Pilzresistente Sorten
- Pflanzen – pflegen – genießen

www.knaur.de

Impressum

Wir danken dem Staatlichen Weinbauinstitut Freiburg
(vor allem Herrn Dr. Volker Jörger) und dem Bioland-Weingut
Vorgrimmler herzlich für die informative und beratende
Unterstützung.

Bibliographische Information Der Deutschen Bibliothek
Die Deutsche Bibliothek verzeichnet diese Publikation in der
Deutschen Nationalbibliographie; detaillierte bibliographi-
sche Daten sind im Internet über http://dnb.ddb.de abrufbar.

Es ist nicht gestattet, Abbildungen dieses Buches zu scannen,
in PCs oder auf CDs zu speichern oder in PCs/Computern
zu verändern oder einzeln oder zusammen mit anderen
Bildvorlagen zu manipulieren, es sei denn mit schriftlicher
Genehmigung des Verlages.

Bildnachweis: bildarchiv preussischer kulturbesitz 7, 8; Food
Centrale Hamburg 59; Thomas Kunz 3, 4, 5, 6, 16, 17, 20, 21, 22,
23, 24, 38, 39, 40, 47, 50, 51, 55, 56; Photo Press 12, 30, 37, 52; Nils
Reinhard 13 u.; Reinhard-Tierfoto 13 o., 14, 15, 18, 25, 26, 42, 43, 44,
48; SLFA Neustadt, FB Weinbau 28, 29, 41, 45; Stockfood 61, 62.

© 2003 Knaur Ratgeber Verlage
Ein Unternehmen der Droemerschen Verlagsanstalt
Th. Knaur Nachf. GmbH & Co. KG, München
Alle Rechte vorbehalten
Umschlagfotos: Reinhard-Tierfoto
Illustration: A. Aisenstadt, Augsburg
Gesamtproduktion: Buch & Konzept, München
Satz: Gesetzt aus der The Mix 9/12 Punkt
Reproduktion: Litho Art, München
Druck und Bindung: Printer Trento S.r.l., Trient
Gedruckt auf chlorfrei gebleichtem Papier
Printed in Italy

ISBN 3-426-66854-8

Inhalt

Einleitung 4
Wein im Garten 4
Neue Chance für gesunde Trauben 5

Kulturgeschichte des Weins 7
Wein in der Mythologie 7
Nach der Sintflut pflanzt Noah
erst einmal Weinreben 8
Der kosmische Baum des Lebens 8
Die erste Krise: der Dreißigjährige Krieg ... 9
Die Katastrophe: Reblausinvasion
und eingeschleppte Pilze 9
Die Herkunft unseres Weines 11

Wein im Hausgarten 13
Wildstauden als Nachbarn für die Reben . 13
Blühende Teppiche zu Füßen
der Kletterkünstler 14
Wein als Kletterkünstler 14
Pergola und Laube:
Sichtschutz als Blickfang 15
Zierreben: schön, robust und
manchmal auch essbar 16
Kultur im Kübel als Kompromiss 17

Für jeden Zweck die richtige Sorte 19
Tipps zur Sortenauswahl 19
Empfohlene pilzwiderstandsfähige
Tafeltrauben in Haus- und Kleingärten ... 22
Empfehlung für den Anbau von
pilzwiderstandsfähigen Weintrauben 23

Gartenpraxis 25
Klima und Standort 25
Der Boden 26
Das Pflanzen der Reben 27
Pflegearbeiten im ersten Jahr 30
Das zweite Jahr 31
Das dritte und die folgenden Jahre 32
Die Rebenerziehung 33
Allgemeine Tipps 35
Trotz aller Toleranz:
Schädlinge und Krankheiten 38

Ernten und genießen 43
Ein Loblied auf das Blatt 43
Trauben ernten und lagern 44
Die Heilkraft der Trauben 46
Traubensaft 49
Rosinen vom eigenen Weinstock 51
Traubenkerne und Trester 51
Wein Marke Eigenanbau 52
Alles Essig 55
Geistvolles Nebenprodukt:
Tresterbrände ....
Weintrinker leben länger 57
Trauben in der Küche – Rezepte 59

Bezugsquellen, Adressen, Bücher 63
Register 64

Einleitung

Die Weintraube: Sie ist für uns weit mehr als nur ein schmackhaftes Obst, das sich – auch dank neuerer ernährungsphysiologischer Erkenntnisse – zunehmender Beliebtheit erfreut. Sie wird als der Gesundheitstipp für die Haut im Kampf gegen freie Radikale und sonstige Umweltattacken auf unseren Organismus gefeiert. Doch nicht nur in Traubenkuren kommt *Vitis vinifera*, wie die Weinrebe botanisch heißt, zu neuen Ehren, auch ihr gesundheitsfördernder Wert im Weinglas wird von immer mehr wissenschaftlichen Untersuchungen bestätigt, wobei natürlich der gesunde Genuss eine Frage der individuell „richtigen" Dosierung ist. Und da gilt es – wie so oft im Leben – das rechte Maß zwischen zu viel und zu wenig herauszufinden. Sie haben richtig gelesen: Wir können tatsächlich auch zu wenig Wein trinken, wenn wir uns nämlich seine wundersame Wirkung auf Herz und Kreislauf zunutze machen wollen, doch davon später mehr ...

Wein im Garten

Noch vor wenigen Jahrzehnten hatte die Verwirklichung vom Traum „Wein im Garten" einen hohen Preis. Dieser Preis war der ständige Kampf gegen Schädlinge, ständiges Hantieren und Experimentieren mit Chemikalien, die den gefürchteten Pilzerkrankungen und tierischen Schädlingen den Garaus machen sollten. Ein Erfolg mit Nebenwirkungen, denn Fungizide, Insektizide und Herbizide sind Allzweckwaffen, die Schädling und Nützlinge gleichermaßen vernichten.

Wenn Weintrauben während ihrer Vegetationszeit mehr als ein Dutzend Mal chemisch behandelt werden – und das müssen sie unweigerlich, um nicht von den auf sie spezialisierten Schädlingen angegriffen zu werden –, können Rückstän-

Ein Rebstock im Garten – Inbegriff von Lebensfreude in der Verschmelzung von Natur und Kultur.

Wo alles begann: Versuchsfelder des Freiburger Weinbauinstituts auf dem Blankenhornsberg im Kaiserstuhl.

de in der Traube bleiben. Sie verschwinden freilich durch den natürlichen Abbau der Substanzen (Metabolisierung) und die biochemischen Prozesse beim Keltern und Gären. Beim Verzehr von rohen, chemisch behandelten Trauben jedoch fallen die mit der Weinbereitung verbundenen Reinigungsprozesse weg – insofern ist Misstrauen angebracht. Abgesehen davon, ist es inzwischen auch weitgehend verboten, im Privatgarten mit Gift zu hantieren. Im Gegensatz zum professionellen Winzer verfügt der Hobbygärtner in der Regel weder über die nötigen Fachkenntnisse noch über das technische Know-how, um die chemischen Präparate in der richtigen Dosierung auszubringen.

Neue Chance für gesunde Trauben

Aus Verantwortung unserer Umwelt und unserer eigenen Gesundheit gegenüber sollten wir im Privatgarten auf die chemische Keule verzichten. Statt Krieg zu führen, sollten wir uns um eine natürliche Balance bemühen, um ein harmonisches Gleichgewicht zwischen „guten" und „bösen" oder nützlichen, indifferenten und nachteiligen Pflanzen, zwischen tierischen Schädlingen und Nützlingen. Denn auch das ist klar: Toleranz ist neben Geduld eine der wichtigsten Eigenschaften für den Hobbygärtner, der lernen muss, die Natur zu akzeptieren wie sie ist. Und die unterscheidet nun einmal nicht zwischen Gut und Böse.
Weinanbau mit oder ohne Chemie, das ist weniger eine ideologische Frage als eine Frage der Vernunft. Die vielen Lebensmittelskandale der vergangenen Jahre haben mehr als deutlich gemacht, dass nicht alles gesund ist, was gesund aussieht und – außen hui, innen pfui – dass die Optik ihr geschmackliches Versprechen oft nicht einhält. Der Mensch ist bekanntlich, was er isst – und wie oft wissen wir gar nicht genau, was wir im Einzelnen täglich herunterschlucken.

Genuss ohne Reue durch resistente Sorten

Zum Glück haben die Bemühungen in staatlichen Forschungsanstalten um die Züchtung von widerstandsfähigen, resistenten Rebsorten in den vergangenen Jahren enorme Fortschritte gemacht. Das Staatliche Weinbauinstitut in Freiburg hat sich bereits seit rund 50 Jahren mit der Züchtung neuer, resistenter Wein- und Tafeltrauben bundesweit profiliert.
Durch gezielte Kreuzungen wurden dabei Sorten gezüchtet, die mit den Attacken von außen alleine klarkommen. Durch die Züchtung von weitgehend resistenten Sorten, wegen ihres gemischten Stammbaums auch „interspezifische" Sorten genannt, wird ein neues Kapitel in der Geschichte des Weinbaus aufgeschlagen. Es steht unter

Einleitung

der Überschrift. „Zurück zur Natur" – der Aufbruch in eine neue, genussvolle Weinzukunft hat begonnen.

Tolerante Reben erleichtern das Gärtnerleben

Durch die Entscheidung für die neuen, widerstandsfähigen Sorten erspart sich der Hobbygärtner viel Kummer. Er kann auf den (nebenbei auch nicht gerade billigen) Einsatz von Spritzmitteln verzichten, braucht keine Angst zu haben, dass er unfreiwillig auch Bienen, Schmetterlingen und anderen willkommenen Gartenbesuchern das Leben schwer macht, muss keine Angst

Genuss mit gutem Gewissen: Beeren aus dem eigenen Garten sind eine gesunde Nascherei für unsere Kinder.

um die Bohnen haben, die auf dem Nachbarbeet wachsen und kann seine Kinder unbedenklich von der süßen Pracht naschen lassen, die so verlockend am Gartenzaun hängt, ohne auf Wartezeiten zwischen chemischer Behandlung und Verzehr Rücksicht nehmen zu müssen. Kurzum: Es gibt nur Argumente für „die Neuen", kein einziges dagegen.

Vor dem Hintergrund der erst seit einem Jahr gültigen neuen Marktregelung innerhalb der Europäischen Union (EU) bekommen diese Bemühungen zusätzliche Brisanz. Bislang war der gewerbliche Anbau von Tafeltrauben für deutsche Winzer nämlich tabu. Ein seit 1957 geltender Vorschriftenkatalog erlaubte den Anbau und Verkauf von Tafeltrauben nur Winzern aus dem mediterranen Raum. Diese marktregulierende Maßnahme zur Vermeidung von Überschüssen gilt seit August 2000 nicht mehr. Für deutsche Winzer eröffnet sich damit ein ganz neuer Markt: Sie dürfen jetzt nicht nur Keltertrauben anbauen, sondern auch Trauben zum Essen.
Während sich die Weinbauinstitute beeilen, ihren Winzern die neuen, wider-

'Regent' ist eine widerstandsfähige Keltertraube mit zuverlässig hohem Ertrag.

standsfähigen Sorten schmackhaft zu machen, freuen sich die Hobbygärtner. Sie haben endlich die Auswahl aus einem Traubensortiment, das wirklich Genuss ohne Reue verspricht – Sorten, die überhaupt nicht behandelt werden müssen und dennoch alle Eigenschaften besitzen, auf die wir als Trauben- und Weinliebhaber so großen Wert legen: Sie sehen schön aus, schmecken hervorragend und sind obendrein noch kerngesund. In dem vorliegenden Buch beschränken wir uns deshalb darauf, resistente Sorten zu empfehlen, die sich in der Praxis bewährt haben. Lassen Sie sich verführen!

Wein in der Mythologie

Kulturgeschichte des Weins

Vitis vinifera, wörtlich die „Wein tragende" Rebe, entwickelte sich im Laufe von Jahrtausenden durch Selektion des Menschen aus der *Vitis vinifera silvestris* („im Wald beheimatet") zur Unterart *Vitis vinifera sativa* („anbauwürdige Rebe"). Selektierte, also dem Menschen Nutzen bringende Weinreben wurden bereits vor 8000 Jahren in Asien angebaut, in Mesopotamien, von wo sie nach Südosteuropa gelangten.
Der altgriechische Philosoph Platon beschreibt die Heilkraft des Weines vor rund 2500 Jahren und lobt in seinen „Nomoi" („Gesetze") dessen entspannende Wirkung vor allem für ältere Männer.
„Der Wein ist ein Ding, in wunderbarer Weise für den Menschen geeignet, vorausgesetzt, dass er bei guter und bei schlechter Gesundheit sinnvoll und in rechtem Maße verwandt wird, übereinstimmend mit der Verfassung der einzelnen Person."
Dieser kluge Satz stammt von Hippokrates, jenem berühmten antiken Arzt, auf den Mediziner bis heute ihren Berufseid schwören, und die wie Hippokrates im 6. Jahrhundert vor Christus auch heute noch vor tauben Ohren predigen, wenn sie davor warnen, allzu tief ins Glas zu schauen.

Wein in der Mythologie

Wein und Weintrauben – sie stehen für Genuss schlechthin, für sinnliche Verführung auf allen Ebenen, für Körper und Geist. Sie sind uns auch Symbol für unseren eigenen Ursprung, für den Beginn unserer Kultur. Wohl jeder weiß, dass in der römischen Mythologie Bacchus als Gott des Weines verehrt wurde, während sein griechisches Pendant Dionysos nicht nur für den Wein, sondern für die Fruchtbarkeit insgesamt zuständig war.
In beiden Kulturen, im alten Rom wie im antiken Athen, war Wein ein Symbol für das Höchste und für die Verführung zugleich, war

Auf dem Innenbild dieser Trinkschale wird Dionysos von einem Flöte spielenden Silen umschmeichelt.

Schon in der antiken Mythologie ist Wein ein Symbol für die Ambivalenz des Lebens. Das römische Relief (Rheinisches Landesmuseum, Trier) stammt aus dem 3. Jh. und zeigt den Weingott Dionysos samt Gemahlin Ariadne beim verführerischen Genuss.

Kulturgeschichte des Weins

heiliges und teuflisches Getränk, das einen „guten" und einen „schlechten" Rausch verursachen konnte. Beide Gottheiten haben über Jahrhunderte hinweg Poeten und Literaten zu klugen Versen und manch kühner Idee inspiriert, wobei der allgemeinste Spruch des antiken Alkaios wohl bis heute der konsensfähigste ist: „In vino veritas", im Wein ist Wahrheit ... wer wollte das bezweifeln.

Nach der Sintflut pflanzt Noah erst einmal Weinreben

In der Bibel wird der mythologische Faden weitergesponnen: gleich nach der ersten großen Katastrophe, als die Sintflut vorbei, die Erde wüst und leer war und die Arche ausgedient hatte. Noah musste etwas unternehmen und was fiel ihm als Erstes ein? Er legte einen Weinberg an. Mit Noah und seinen ersten winzerischen Aktivitäten begann alles auf der Erde noch einmal von vorne. Dieses Mal nicht im Garten Eden, sondern auf dem Weinberg als beglückendem Paradies. Paradies und Versuchung zugleich – mit berauschenden Folgen. Noah aber trinkt von dem Wein offenbar zu viel, denn er wirft sich zu Boden und schläft nackt ein. Er wird von seinem Sohn Ham wegen seiner Blöße ausgelacht und beschämt.

Der kosmische Baum des Lebens

Im alten Ägypten setzte sich der Weinanbau bereits vor Beginn unserer Zeitrechnung durch. „Wein, Weib und Essen erfreuen das Herz. Wer sie genießt ohne viel Aufhebens, wird in der Öffentlichkeit nicht getadelt. Wer eines von ihnen entbehrt, ist ein Feind seines Körpers," heißt es im Weisheitsbuch „Papyrus' Leiden". Auch in der antiken Welt galt Wein als Blut der Erde, der Weinstock wurde als göttliche Pflanze verehrt, als kosmischer Baum des Lebens.

Mit den römischen Eroberungsfeldzügen gelangte der Wein aus dem Mittelmeerraum über die Alpen nach Zentraleuropa – bis heute erinnert der Name daran: „Wein" leitet sich vom lateinischen „vinum" ab. In nachrömischer Zeit war es außer der Kirche vor allem Karl der Große, der den

Trinkfreuden derb und deftig: „Der Trinker" oder „Der Triumph des Bacchus" hat Diego Rodríguez de Silva y Velázquez dieses Ölgemälde betitelt, bei dem der Gott des Weines auch als Verführer zu Ekstase und Laster thematisiert wird.

Die Katastrophe: Reblausinvasion und eingeschleppte Pilze

flächenmäßigen Weinbau intensiv förderte. Aus dem 13. und 14. Jahrhundert stammen einige Fachbücher, die sich im Wesentlichen auf die Kenntnisse der Antike stützten.

Wie im alten Rom wurden auch im Mittelalter bevorzugt rote Reben angebaut, eine Aufgabe, die vornehmlich Klöstern vorbehalten war, da sie über das nötige Land und Kapital verfügten.

Im Hochmittelalter wurde Wein zum Getränk für eine breitere Bevölkerung, da er im Gegensatz zu Wasser nicht einfrieren konnte und somit auch in kalten Wintern mit langen Frostperioden zur Verfügung stand. In dieser Zeit entwickelten sich auch gastfreundliche Trinksitten, die sich bis heute bewähren, wo ein Glas Wein als Willkommens- und Abschiedstrunk nach wie vor beliebt ist.

Im 16. Jahrhundert hatte die Ausbreitung von Wein in Europa (hier wird bis heute am meisten Wein getrunken) ihren Höhepunkt erreicht. Europäische Eroberer brachten Wein in die Kolonialgebiete Südamerikas, ins südliche Afrika und nach Neuseeland, wo es bis heute ausgedehnte Anbaugebiete gibt.

Die erste Krise: der Dreißigjährige Krieg

Mit dem Dreißigjährigen Krieg (1618 bis 1648) kam die erste große Krise für den Weinanbau in Europa. Durch erhebliche Verwüstungen und die Enteignung von Klöstern wurden die Anbauflächen drastisch eingeschränkt, vielerorts setzten sich preiswertere Importe aus Südeuropa durch. Außerdem bekam der Wein schmackhafte Konkurrenz. An manchen Orten setzte sich Bier durch, auch weil dessen Rohstoffe schneller wachsen. Zugleich begann Europa, die neuen, stimulierenden Kolonialgetränke Tee und Kaffee zu schätzen, die zur Zeit der beginnenden Industrialisierung den täglichen Wein zur Mahlzeit zu verdrängen begannen.

Die Katastrophe: Reblausinvasion und eingeschleppte Pilze

Mitte des 19. Jahrhunderts begann die zweite große Krise für die europäische Weinkultur. Eine Krise mit verheerenden, weil existenzbedrohenden Folgen: Aus Nordamerika wurden die Reblaus sowie Echter (*Oidium*) und Falscher Mehltau (*Peronospora*) eingeschleppt.

Reblaus und Krankheiten verbreiteten sich in einer Rasanz und Aggressivität in Europa, die diabolische Ausmaße zu haben schien. Binnen weniger Jahre waren riesige Bestände in allen mitteleuropäischen Ländern ausgerottet und die Anbauflächen auf ein Minimum geschrumpft. Die Kulturrebe *Vitis vinifera* hatte im Laufe der Evolution gegen die bis dahin für sie unbekannten Gegenspieler keinerlei eigene Abwehrkräfte entwickeln können.

Gegen die Pilzkrankheiten wurden allerlei Notlösungen versucht wie das Spritzen mit Nikotin, Arsen und anderen Stoffen, doch die „Reblausinvasion" kam einer Naturkatastrophe gleich. 1874 wurde das unter- und oberirdisch agierende Tierchen, das sich an den Rebwurzeln explosionsartig vermehrt, erstmals in Deutschland festgestellt und verbreitete sich wie eine Epidemie.

Der damalige Reichskanzler Otto von Bismarck initiierte eine Reblauskommission, die mit der Einführung amerikanischer Reben die Weichen für die europäische Rebenkultur neu stellte. Es begann die Ära der Pfropfreben.

Kulturgeschichte des Weins

Reben sind nicht selbstverständlich gesund

Andere Länder, andere Schädlinge: Dass es in der Natur komplexe Lebensgemeinschaften gibt, in denen sich bestimmte Schädlinge (Parasiten) auf bestimmte Ernährer (Wirte) spezialisieren, ist völlig normal. Das kennen wir auch aus dem Hausgarten: Die Möhrenfliege ärgert uns nur bei den Möhren, der Kartoffelkäfer nur bei den Kartoffeln und so weiter. So, wie sich der pflanzliche oder tierische Schmarotzer im Laufe der Evolution für einen bestimmten Wirt entschieden hat, so hat auch der unfreiwillige Ernährer im Laufe von Millionen von Jahren gelernt, mit seinem hungrigen Dauergast fertig zu werden. Durch natürliche Selektion haben die jeweils stärksten Wirte überlebt und allmählich ein eigenes Abwehrsystem entwickelt. Das war auch in Nordamerika nicht anders, wo sich die dort ursprünglich beheimateten amerikanischen Rebarten wie zum Beispiel *Vitis cinerea*, *Vitis riparia* oder *Vitis rupestris* an Echten und Falschen Mehltau sowie an die Reblaus gewöhnen und im natürlichen „Zweikampf" in ihrem Genom verankerte Abwehrkräfte ausbilden konnten.

Diese genetischen Schutzmechanismen fehlen den europäischen Reben. Wenn man nun der Natur freien Lauf gelassen hätte, wären alle Sorten der europäischen Kulturrebe *Vitis vinifera* ssp. *sativa* in kurzer Zeit ganz und gar vernichtet worden. Zum Erhalt der Kulturpflanze Rebe und des uralten Kulturguts Wein mussten also Lösungen gefunden werden, die die Zerstörungskraft der neuen importierten Widersacher nachhaltig lähmen würden.

Das Ei des Kolumbus: unten amerikanisch, oben europäisch

Im komplizierten Lebenszyklus der Reblaus wird der Weinstock unterirdisch von Wurzelrebläusen angebohrt, oberirdisch von Blattrebläusen. Die Forscher fanden bald heraus, dass die amerikanische Rebe an ihren Wurzeln annähernd immun gegen die gefräßige *Rhylloxera vastatrix* ist, während ihre europäischen Schwestern genetisch gegen die Blattreblaus gewappnet waren. Durch das Kombinieren eines amerikanischen Wurzelteils mit einem europäischen Rebsteckling war das Ei des Kolumbus gefunden – die Reblaus

konnte besiegt werden. Durch Pfropfen werden die beiden Pflanzenteile in einer so genannten Rebschule miteinander verbunden und wachsen im Jahr der Anzucht zusammen. Zum Schutz vor Austrocknung werden die Pfropfreben vor dem „Einschulen" von oben bis über die Verwachsungsstelle mit Wachs (Paraffin) geschützt. Diese uralte Methode zur Herstellung von neuem Pflanzmaterial hat also nichts mit den neuerdings so gefeierten wie umstrittenen gentechnischen Verfahren zu tun. Es ist eine biotechnische Bekämpfungsmethode zum Verhindern von Reblausschädigungen, die im Laufe der Jahre immer weiter verfeinert wurde.

Der Reblaus konnte also ein Schnippchen geschlagen werden, gegen Pilzkrankheiten und andere Schädlinge entwickelte die Chemieindustrie ein gewaltiges Sortiment an chemischen Waffen. Mehr und mehr setzt sich allerdings (und zum Glück für alle Beteiligten) das Denken in ökologischen Zusammenhängen und das Bemühen um eine nachhaltige Kurskorrektur durch. Am interessantesten ist hierbei der Ansatz, resistente Sorten gezielt zu züchten.

Die Herkunft unseres Weines

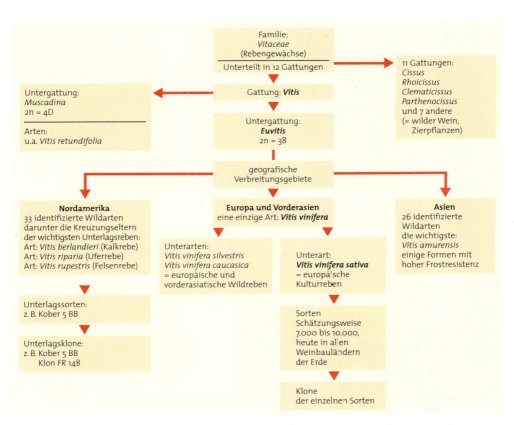

Die Stellung der Reben im botanischen System.

Die Herkunft unseres Weines

Die Familie der Rebengewächse (*Vitaceae*) umfasst mit unseren Kulturpflanzen zwölf verschiedene Gattungen. Nur eine Gattung, *Vitis*, ist für die Rebkultur bedeutsam, bei den übrigen elf handelt es sich um rebenähnliche Verwandte, die gemeinhin zwar als „Wilder Wein" bezeichnet werden, aber nicht die Vorfahren unserer Kulturreben sind.

Alle wilden Reben der Gattung *Vitis* sind auf der Nordhalbkugel der Erde beheimatet, die übrigen Gattungen auf der Südhalbkugel. So sind zum Beispiel am südafrikanischen Kap Rebenschlingpflanzen der Gattung *Rhoicissus* zu Hause.

Urmutter namens *Euvitis*

Die Gattung *Euvitis* stammt aus Nordamerika, Europa, Vorder- und Ostasien und hat ausnahmslos alle Kulturreben hervorgebracht, sowohl die Ertragssorten wie auch die Unterlagsreben. Die größte Formenvielfalt gibt es in Nordamerika, der Heimat unserer Kreuzungseltern. Zur Kultur sind sie

Kulturgeschichte des Weins

wegen ihres eigenartigen, im Geschmack völlig untauglichen Buketts nicht geeignet. Ihre Resistenzgene allerdings sind eine hochattraktive Mitgift für die Aufnahme verwandtschaftlicher Beziehungen nach Europa.

Gewappnet für die Kälte Sibiriens

Die einzige amerikanische Art, die verwertbare Trauben liefert, ist *Vitis labrusca*. Ihre dicken, rotblauen (und übrigens auch seltsam riechenden) Beeren werden zu Saft und Marmelade, Sekt und Wein verarbeitet.
In Asien ist vor allem *Vitis amurensis* von Interesse, die nach dem Amur benannt wurde, dem Grenzfluss zwischen Sibirien und China. *Vitis amurensis* gilt als extrem frosthart – was beim Gedanken an sibirische Winter nicht verwundert. Außerdem ist sie dank ihrer genetischen Konstellation widerstandsfähig gegen Pilzerkrankungen.

Vitis vinifera

Als einzige Rebenart taucht in Europa und Vorderasien die uns schon bekannte *Vitis vinifera* auf. Auch ihre Unterarten, *Vitis vinifera silvestris* und *Vitis vinifera caucasica* sind uns schon begegnet.
Vitis vinifera sativa, durch menschliche Zuchtauswahl entstanden, trat mit der Kolonialisierung der Neuen Welt weite Reisen an und wurde auf andere Kontinente verteilt. Vor allem Siedler aus Deutschland, Frankreich und Italien brachten mit dem Wein auch die Winzerkenntnisse nach Südamerika, in die USA, nach Nord- und Südafrika, Australien und Neuseeland.
Die Vorfahren unserer Kulturweinsorten stammen übrigens aus den Auwäldern des südlichen Rheintals. Es waren vermutlich die Römer, die die ersten Kultursorten züchteten. Bis in die Neuzeit führten wilde Vinifera-Reben am Oberrrhein ein ungezügeltes, freies Leben. Wie im Urwald rankten sie sich an Bäumen empor, krochen über deren Kronen – und kamen den Menschen ins Gehege, die im 17. und 18. Jahrhundert damit begannen, Wälder wirtschaftlich zu nutzen.

Der Kenner denkt an Eiswein: Frostharte Reben ermöglichen den Weinbau auch in kühlen Gegenden.

Wildstauden als Nachbarn für die Reben

Wein im Hausgarten

Um es gleich vorwegzunehmen: Weinreben sind Einzelgänger, sie bevorzugen keine bestimmten Pflanzenpartnerschaften und eignen sich nicht für Mischkultur. Reben müssen frei und möglichst sonnig stehen. Dennoch können Sie Ihre Stöcke sozusagen aus egoistisch ästhetischen Motiven in gesellige Runden platzieren, ohne dass es dabei zu nachbarschaftlichen Auseinandersetzungen kommt.
Unabhängig davon, welche Erziehungsform Sie für Ihre Weinrebe gewählt haben, ob sie nahezu ungehindert in Höhe und Breite wachsen kann oder ob Sie sie kurz am Stock halten: Sie wird immer dominant sein. Das kleine Stöckchen, das seine ersten Triebe so unscheinbar und harmlos der Sonne entgegenreckt, wird im Wachstum sehr schnell alle anderen Pflanzen überflügeln. Darum muss die Weinrebe in jeder Pflanzengemeinschaft auch optisch die Königin bleiben.

Wildstauden als Nachbarn für die Reben

Wir sollten sie also keinesfalls mit großblumigen Prachtstauden kombinieren, sondern uns auf das konzentrieren, was der Weinrebe auch an ihrem einst angestammten Platz im Wald von unten entgegenblühen oder -grünen könnte. Geeignete Partner sind niedrige Wildstauden, Wild- und Kletterrosen (hier besonders auf angemessene Entfernung achten!), Zwiebelblumen, Gräser und Farne. Besonders die Frühjahrsblüher eignen sich für aparte Kombinationen, denn wenn die noch winterkahle Rebe erst allmählich mit dem Austrieb beginnt,

Wein im Hausgarten: der Himmel auf Erden.

Ob im buchsumsäumten Extrabeet, an der Hauswand oder einfach mittendrin: Ein geeigneter Platz für einen Rebstock findet sich in fast jedem Garten.

blühen bereits die ersten Schneeglöckchen, Winterlinge und wenig später die Narzissen, sodass der Weinstock auch während der sonst ereignisarmen Monate März und April einen hübschen Anblick bietet.
Um auch im Sommer auf blühende Kontraste nicht verzichten zu müssen, können Sie niedrige und vor allem anspruchslose Stauden neben Ihre Reben pflanzen. Geeignet sind

Wein im Hausgarten

etwa diverse Storchschnabel-Arten (*Geranium*), Bergenien (*Bergenia*), Funkien (*Hosta*) oder auch Taglilien (*Hemerocallis*).

Blühende Teppiche zu Füßen der Kletterkünstler

Räumen Sie auch Ihren Stauden ausreichend Platz ein, damit sie sich in kleinen Teppichen ausbreiten können, während der Wein über ihnen turnt und immer größere Ausmaße annimmt. Bedenken Sie bei der Pflanzenauswahl, dass sich Ihre Rebstöcke schnell belauben und darum nur Partnerpflanzen in Frage kommen, die mit einem schattigen oder halbschattigen Plätzchen zufrieden sind. Auch robuste Rosen können sich in gebührendem Abstand zum Wein durchaus wohl fühlen – interessant kann eine solche Kombination auch an der Wand sein, wenn sich Wein und Rosen irgendwo in luftigen Höhen begegnen.

Gräser und Farne können ebenfalls reizvolle Kontraste bieten. Wenn Sie Mut zum Experiment und keine Angst vor möglichen Enttäuschungen haben (die aber eher die Entwicklung der Stauden betreffen), können Sie Ihren Garten mit phantasievollen, innovativen Akzenten beleben.

Wein als Kletterkünstler

Ein lebendiger Mantel für unsere Hauswand aus Tafeltrauben hat all die wunderbaren Vorteile, die jede Hausverkleidung aus Blättern und Blüten bietet. Er wirkt als natürlicher Temperaturausgleich, schützt das Haus vor extremer Sonnenhitze und wärmt bei Frost im Winter. Er reguliert Feuchtigkeit, Temperatur und Luftströmungen und ist eine sanfte, freundliche Verbindung zwischen Innen- und Außenwelt, zwischen Wohnbereich und Natur.

Das wechselnde Spiel von Farben und Formen im Rhythmus der Jahreszeiten ist eine Wohltat für die Augen und für die Seele. Ein grünes Kleid aus Tafeltrauben bietet zudem den unvergleichlichen Genuss, uns auch noch mit schmackhaften Früchten zu verwöhnen.

Rankhilfen für Kletterkünstler

Unsere Tafeltrauben brauchen stabile Stützen und „Wegweiser", die sie in die von uns gewünschte Richtung dirigieren. Geeignet sind Holzspaliere aus Lärchenholz, kesseldruckimprägniertem Holz oder mit umweltfreundlichen Holzschutzmitteln oder

Ob Gartenzaun oder Hauswand – die Weinrebe erobert im Nu jedes Hindernis. Ein hübscher Kontrast: Unterpflanzung mit Tagetes.

Heiteres Duett: Weinreben mit Sommerblühern wie diese Geranien.

Pergola und Laube: Sichtschutz als Blickfang

Wie bei Pflege und Nährstoffbedarf lassen sich unsere vielseitig begabten Tafeltrauben auch hinsichtlich ihrer Nutzung mit (Kletter-)Rosen vergleichen. Sie müssen nicht immer nur „die Wände hochgehen", sondern breiten sich temperamentvoll und beschwingt über jedwedes Klettergerüst aus, das wir ihnen anbieten.

Ob Pergola, ein Spalier, das unseren Sitzplatz oder unsere Terrasse vor neugierigen Blicken schützt, oder auch ein frei stehender Rundbogen, der als einladender Willkommensgruß am Eingang unseres Gartens platziert ist: Unsere Tafel-

Egal, für welches Gerüst Sie sich entscheiden, es sollte stabil genug sein, um die Last des Weines zu tragen.

Lasuren behandelt, Drahtgitter, die aus Baustahlgewebe passend zurechtgeschnitten werden können; das Material muss rostfrei sein oder mit einem Rostschutz behandelt, Kunststoffgitter, im Handel gekauft, dicke verzinkte oder mit Kunststoff ummantelte Drähte, die straff gespannt und stabil befestigt werden.

Alle Konstruktionen werden mit starken Dübeln in der Mauer verankert und die Gerüste müssen so massiv sein, dass sie die Last der Pflanzen tragen können. Zur Hauswand soll ein Abstand von etwa 20 Zentimetern eingehalten werden. Die Gefahr, dass der Wein das Mauerwerk beschädigt, besteht nicht, denn Weinreben sind Rankpflanzen, die sich um Drähte und Stäbe winden, aber nicht in das Mauerwerk eindringen.

Wein im Hausgarten

trauben werden alle Kletterangebote willig annehmen und sie rasch mit ihren langen Ranken erobern.

Paravents aus Wein für die einzelnen Gartenzimmer

Auch hier ist wieder Ihre Phantasie gefragt: Gestalten Sie lauschige Sitzplätze und bezaubernde „Hingucker".

Grünes Zimmer im Freien: Weinumrankte Pergola. Im Vordergrund eine „Trotte", wie eine Traubenpresse hier im badischen Kirchzarten auch genannt wird.

im Garten. Sie können mit Hilfe Ihrer Weinstöcke auch Gartenbereiche voneinander trennen, romantische Übergänge von einem grünen Zimmer ins nächste schaffen, Ihr Gartenhäuschen einkleiden oder auch Ihren Gartenzaun von Wein umranken lassen. Allerdings sollte sich der Zaun nicht neben einer Straße befinden, denn wir wollen ja gesunde Trauben ernten, die nicht durch Schadstoffe von Autos belastet sind. Im Handel sind vorgefertigte Bauelemente aus Stahl oder imprägniertem Holz erhältlich. Natürlich können geschickte Heimwerker das Gerüst für eine Pergola oder einen Kletterbogen auch selbst herstellen. In jedem Fall müssen die tragenden Pfosten auf stabilen Grundkonstruktionen befestigt werden. Üblich sind dafür frostsichere Betonfundamente, in die verzinkte Eisenschuhe eingelassen werden, mit denen dann die Holzstützen verschraubt werden.

Zierreben: schön, robust und manchmal auch essbar

Gelegentlich sieht man auch Carports, die mit einem grünen Dach aus Tafeltrauben geschützt sind. So etwas lässt sich natürlich machen, beim Genuss dieser Trauben ist aber Vorsicht angebracht. Schließlich atmen die Früchte auch Auspuffabgase ein, die nolens volens im Carport verströmt werden, und nehmen sie in ihren Organismus auf. Wenn Sie aber aus lediglich optischen Gründen Ihren Wagen unter einem grünen Dach aus Tafeltrauben parken wollen, ist dagegen nichts einzuwenden.

Eine bessere Alternative ist möglicherweise die Verwendung von Zierreben, die auch zur Gattung *Vitis* gehören, aber aus anderen, meist außereuropäischen Unterarten hervorgegangen sind. Die Zierreben haben den Vorteil, dass wir uns nicht um einen ertragsorientierten Schnitt zu kümmern brauchen und uns die aufwändige Erziehungsprozedur ersparen können. Die Zierreben sollen ja „nur" schön aussehen, eine lebendige Wandisolierung bilden, die Terrasse vor unerwünschten Blicken schützen oder den Carport unter seinen großen, dekorativen Blättern verschwinden lassen, die sich im Herbst in rötliches Gold verwandeln. Ihre Kultur ist denkbar einfach, der Schnitt soll lediglich das schnelle Überwachsen der „Zielfläche" unterstützen.

Kultur im Kübel als Kompromiss

Japanische Rebe und Fuchsrebe

Die rostrote Japanische Rebe (*Vitis coignetiae*), deren große, grüne, herzförmige Blätter sich im Herbst in ein prachtvolles Orangerot verfärben, ist inzwischen in jeder gut sortierten Baumschule erhältlich. Blickfang sind auch ihre tiefroten Triebe, Ranken und die rostrot behaarten Triebspitzen. Die Zierrebe ist ausgesprochen starkwüchsig und klettert an ihren natürlichen Standorten in Japan und Korea mühelos bis in die Baumwipfel hinauf. Ihre Winterfestigkeit macht sie auch für Nord- und Höhenlagen attraktiv.

Die Fuchsrebe (*Vitis labrusca*), eine amerikanische Wildart, ist auch zum Essen und zum Keltern geeignet, allerdings ist der Geschmack gewöhnungsbedürftig. Dank seiner Gesundheit und Frosthärte fließt das Blut dieser auch als Labradorwein bezeichneten Art in vielen amerikanischen Weinsorten, zahlreiche Kreuzungen werden auch als reine Ziergehölze angepflanzt.

Die Fuchsrebe wächst sehr üppig und hat an der Unterseite dicht behaarte Blätter, die Triebspitzen sind mit weißlichem oder rotbraunem Filz bedeckt.

Weitere geeignete Zierreben sind die Uferreben (*Viti riparia*), deren Blüten verführerisch duften und deren Blätter im Herbst in strahlendem Gelb leuchten. Die Uferrebe wird auch oft als Unterlage verwendet, ist anspruchslos und frosthart. Sommerreben (*Vitis aestivalis*) bieten neben ihrer Robustheit noch den Reiz essbarer Früchte, während die amerikanische Sandrebe (*Vitis rupestris*) wegen ihrer Frostempfindlichkeit nur für milde Lagen geeignet ist. Die Beschaffung der zuletzt genannten Zierreben könnte allerdings etwas Schwierigkeiten machen, am besten setzen Sie sich mit einer Rebschule in Verbindung (Adressen im Anhang).

Kultur im Kübel als Kompromiss

Wein ist sowohl ober- wie auch unterirdisch ausgesprochen wuchsfreudig. Die Kultur im engen Pflanzgefäß entspricht nicht seiner Natur und hat schon ein wenig den Charakter von Unterdrückung. Die Pflanze bedarf besonderer Pflege und Nahrung und vor allem des regelmäßigen, kräftigen Schnitts. Möglich ist die Kübelkultur freilich dennoch – und mag für Tafeltrauben-Fans, die nun einmal über keinen eigenen Garten verfügen, auch vertretbarer Kompromiss und akzeptable Notlösung sein.

Bei der Kultur im Kübel sollten einige wesentliche Punkte beachtet werden:

• Das Pflanzgefäß sollte mindestens 50 Zentimeter hoch sein und Platz für 100 Liter Erde haben. Als Pflanzsubstrat kann mit Kompost vermischte Gartenerde

Eine Weinrebe macht aus jedem Sitzplatz ein lauschiges Eckchen.

17

Wein im Hausgarten

verwendet werden oder im Handel erhältliche Blumenerde, am besten die so genannte Einheitserde, die mit ein wenig Sand vermischt werden sollte.
• Der Gefäßboden muss unbedingt mit einer Schicht Kieselsteine oder Tonscherben abgedeckt werden, um den Wasserabfluss zu gewährleisten (Sie erinnern sich: Reben sind robust, aber Staunässe können sie überhaupt nicht leiden).
• Im Kübel müssen Rebpflanzen kurz gehalten werden. Schneiden Sie nach dem Pflanzen die unbelaubten Triebe auf zwei Augen zurück. Im folgenden Jahr kürzen Sie die Rebe auf etwa 50 Zentimeter ein und lassen höchstens drei bis vier von den neuen Trieben stehen.
• Da die Wurzeln nicht in größeren Tiefen nach Nährstoffen und Wasser graben können, muss der Wein im Kübel viel sorgfältiger und regelmäßiger als der frei im Garten wachsende mit Nährstoffen und Wasser versorgt werden. Greifen Sie auf fertige Dünger aus dem Handel zurück oder mixen Sie sich Ihren eigenen Düngercocktail (siehe „Flüssige Düngung mit Jauchen").
• Steht das Pflanzgefäß an einer Wand, können Sie die Reben wie ein Miniaturspalier an einem entsprechenden Gerüst erziehen. Andernfalls bietet sich die Pfahlerziehung an. Geeignet sind stabile Bambusstäbe oder die Spiralstäbe, wie sie bei der Kultur von Tomaten gern verwendet werden.
• Die im Topf überwinternde Kübelpflanze ist dem Frost viel stärker ausgeliefert als ihre Schwestern in der Erde. Sie sollten darum unbedingt das ganze Pflanzgefäß in warme Dämm-Matten einpacken und auch im Winter darauf achten, dass die Pflanze ab und zu Wasser bekommt. Sie hat ihre Energiezufuhr zwar auf Sparflamme eingestellt, aber der Wurzelballen darf nicht völlig austrocknen.

Ein Kompromiss für Gärtner ohne Garten: Erziehung im Kübel.

Für jeden Zweck die richtige Sorte

Was will ich und was ist im Rahmen der individuellen Gegebenheiten möglich? Diese Frage sollte jeder Privatgärtner für sich beantworten, bevor er Setzlinge in der Rebschule bestellt. Grundsätzlich muss man sich des Unterschieds zwischen Tafel- und Weintrauben bewusst sein.

Schon optisch unterscheiden sich Tafeltrauben von Weintrauben durch ihren Wuchs. Die Rispen sind lockerer, die Beeren größer. Der entscheidende Unterschied aber liegt im Geschmack. Tafeltrauben haben ein intensiveres Bukett als Weintrauben, sie schmecken süßer, haben in der Reifephase einen geringeren Gehalt der stärker sauer schmeckenden Apfelsäure und weisen eine individuell unterschiedlich ausgeprägte Sortentypik auf – dies etwa durch ihren Muskat-, Pfirsich-, Birnen-, Mandel- oder Rosengeschmack. Darum eignen sie sich hervorragend zum Verzehr, aber weniger zum Keltern. Ihre „laute" Note im Bukett, das vordergründige Aroma,

wäre zu dominant, zu sättigend im Wein (obwohl natürlich grundsätzlich auch aus Tafeltrauben Wein gewonnen und umgekehrt Keltertrauben auch gegessen werden können ...). Auf der anderen Seite ist bei den kleinrispigen Weintrauben eine eher „leise", dezente Fruchtnote gefragt. Sie enthalten mehr Zucker und mehr Säure als Tafeltrauben und sollen ihr typisches Aroma und Bukett erst später, beim Keltern, entfalten.

Wer also weiß, dass er seine Trauben ausschließlich zum rohen Verzehr, zur Zubereitung von kulinarischen Köstlichkeiten und zur Saftherstellung anbauen will, sollte sich gleich für Tafeltrauben entscheiden. Wer hingegen den Ehrgeiz hat, sein eigener Winzer zu werden und mit der Herstellung von Wein aus dem eigenen Garten zu experimentieren, dem seien die resistenten Weintraubensorten empfohlen.

Für den Hobbywinzer ist zudem wichtig zu wissen, dass nach der derzeitigen Rechtslage der Anbau von Tafeltrauben – vergleichbar mit anderen Obstarten – frei zulässig ist, wobei ein guter Standort auch hier Voraus-

setzung für gute Qualität ist. Der Anbau von Keltertrauben hingegen ist über einen Hobbyumfang von etwa vier bis zehn Pflanzen hinaus aufgrund der geltenden Bestimmungen der EU-Marktorganisation nur in Verbindung mit einem so genannten Pflanzenrecht innerhalb von hierfür besonders abgegrenzten weinbaufähigen Standorten möglich.

Tipps zur Sortenauswahl

Wenn es Platz, Boden- und Klimaverhältnisse zulassen, sollten Sie sich für den Anbau mehrerer Sorten entscheiden. Kombinieren Sie frühe, mittelfrühe und späte Sorten, dann können Sie sich im Idealfall von Mitte August bis Ende Oktober mit frischen Weintrauben aus dem eigenen Garten versorgen und sich an der unterschiedlichen Beeren- und Laubfärbung erfreuen.

Widerstandsfähige Sorten

Um gleich mit einem etwaigen Missverständnis aufzuräumen: Wenn die Rede von „pilzwiderstandsfähigen" Rebsorten ist, ist das nicht gleichbedeutend mit

Für jeden Zweck die richtige Sorte

absoluter Immunität gegen Pilzerreger. Auch pilzwiderstandsfähige Sorten können von Pilzen befallen werden, so wie auch ein Mensch mit einer Schutzimpfung dennoch etwa ein Grippevirus aufnehmen wird. Der Organismus der pilzwiderstandsfähigen Sorten ist aber so gut gegen bestimmte Krankheitserreger gerüstet, dass die Rebstöcke mit den Krankheiten in gleichsam friedlicher Koexistenz leben können, ohne geschädigt zu werden.

Um mit der Vokabel „resistent" keine falschen Erwartungen zu wecken, ist in Winzer- und Züchterkreisen darum häufiger von „Pilzwiderstandsfähigkeit", „Pilztoleranz" oder „Pilzfestigkeit" die Rede, doch egal ob

Traube umarmt ihr Fruchtholz: 'FR 484-87r' heißt diese Neuzüchtung, eine Kreuzung aus 'Solaris' als Mutter- und 'Dornfelder' als Vaterrebe.

'FR 428-82r' ist das ansehnliche Ergebnis einer gezielten Heirat von Muttertraube 'Cabernet Sauvignon' und Vater 'Solaris'.

„interspezifisch", „resistent" oder schlicht und verständlich „widerstandsfähig" – gemeint sind ebenjene europäischen Sorten mit gerade so viel Anteil an amerikanischem Erbgut, dass die

'Cabernet Sauvignon' und 'Solaris' sind die Eltern dieser Rebsorte mit dem Arbeitstitel 'FR 437-82r'.

Die Paarung von 'Solaris' und 'Dornfelder' brachte diesen hübschen Nachwuchs: 'FR 487-88r'.

Widerstandskraft gegen die Rebkrankheiten Echter und Falscher Mehltau genügend stark ausgeprägt ist.

Eine Sisyphusarbeit: Das Finden neuer Sorten

Französische Züchter, die sich als erste an Kreuzungsexperimente gewagt hatten, haben es nicht geschafft, einer entscheidenden Erbgutinformation von amerikanischer Seite die Dominanz zu nehmen. Gemeint ist der Geschmack – er war nicht akzeptabel und darum gerieten diese ersten transatlantischen Pflanzenbündnisse in Verruf.

Es war das Verdienst deutscher Züchter, hartnäckig

Tipps zur Sortenauswahl

"an der Traube" zu bleiben. Und in jahrelangen, unzähligen Versuchsreihen gelang schließlich der Durchbruch.

Seit 1950 werden am Staatlichen Weinbauinstitut Freiburg neue Sorten gezüchtet. In mehr als 1000 Kreuzungskombinationen wurden seither rund 25 000 Blütenstände kastriert und künstlich bestäubt und mehr als eine halbe Million Sämlingspflanzen im Gewächshaus aufgezogen. Nur ein bis zwei Prozent dieser Jungpflanzen, die in den Gewächshäusern künstlich mit den Erregern des Echten und Falschen Mehltaus infiziert werden, überleben und erhalten die Chance, den weiteren Härtetest auf dem Weinberg zu bestehen.

Von etwa 50 000 Sämlingspflanzen wurden in Einzelstockernten seither mehr als 6000 Weine hergestellt. Das Ergebnis: Derzeit werden zehn pilzwiderstandsfähige Neuzüchtungen bei Winzern erprobt, zwei Sorten sind zum allgemeinen Anbau zugelassen. Ausschlaggebendes Kriterium bei der Selektion ist der Geschmack, und da können es inzwischen immer mehr tolerante mit herkömmlichen Sorten aufnehmen. Bis das Bundessortenamt „die Neuen" offiziell zulässt, vergehen Jahre, in denen die Rebstöcke weiterhin gründlich auf Herz und Nieren getestet werden. Der Weißwein 'Phoenix' und der Rotwein 'Regent' (Letzterer ist nach wie vor der Renner unter

In den Versuchsanlagen des Freiburger Weinbauinstituts werden die neuen Sorten einem Härtetest unterzogen. Trotz der Ansteckungsgefahr durch kranke Reben in unmittelbarer Nachbarschaft bleiben die neuen Sorten gesund.

Die Amerikaner haben's drauf: Diese nicht veredelte, also wurzelechte Sorte ist in ihrer Wuchsfreude kaum zu bremsen.

den neuen Roten) wurden 1995 und 1997 erstmals für das Anbaugebiet Pfalz klassifiziert. 1989 folgten 'Merzling' und 'Johanniter' aus Freiburg. Diese Sorten sind in der Liste der zur gewerblichen Anpflanzung zugelassenen Rebsorten mit Traditionssorten wie 'Riesling' und 'Müller-Thurgau' gleichgestellt.

Für jeden Zweck die richtige Sorte

Empfohlene pilzwiderstandsfähige Tafeltrauben in Haus- und Kleingärten

'Calastra'
Beerenfarbe: grün-gelb
Wuchs: enorm kräftig
Trauben: mittelgroß, etwas ungleichmäßig geformt
Beeren: groß, feinsüß
Reife: früh
Besonderheiten: Blätter sehr groß, tiefgrün, rund, sehr dekorativ, ideal zur Begrünung von Hauswänden und Pergolen geeignet

'Hecker'
Beerenfarbe: grün-gelb
Wuchs: kräftig
Trauben: groß
Beeren: groß, elliptisch, feinsüß
Reife: mittelfrüh
Besonderheiten: Wuchs ähnelt der *'Gutedel'*-Rebe, die zweimal im Stammbaum des *'Hecker'* vorkommt

'Hecker'

'Palatina'
Beerenfarbe: goldgelb
Wuchs: sehr kräftig, aufrecht
Trauben: groß, locker
Beeren: oval, goldgelb, leichter Muskat-Ton
Reife: mittelfrüh
Besonderheiten: zuverlässig hoher Ertrag

'Phoenix'
Beerenfarbe: gelb
Wuchs: mittelstark
Trauben: mittelgroß, kompakt
Beeren: klein, feinschalig
Reife: spät
Besonderheiten: süßer, aromatischer Geschmack

'Ganita'
Beerenfarbe: rosa
Wuchs: kräftig, leicht filigran
Trauben: sehr groß, locker
Beeren: mittelgroß, fein bukettiert
Reife: sehr früh
Besonderheiten: Schutz gegen Vögel und Wespen erforderlich

'Decora'
Beerenfarbe: rosa
Wuchs: mittelkräftig, gedrungen, robust, aufrecht
Trauben: mittelgroß, kompakt, gleichmäßig geformt
Beeren: mittelgroß, fein bukettiert
Reife: mittelfrüh
Besonderheiten: dunkelgrüne, spitzzackige Blätter

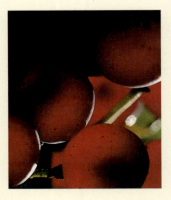

'Ganita'

'Rosetta'
Beerenfarbe: rosa
Wuchs: kräftig, kompakte Laubwand
Trauben: mittelgroß, verhalten bukettiert
Beeren: mittelgroß, süß
Reife: eher spät
Besonderheiten: für den familiären Verzehr zum Ende der Herbstsaison

'Calastra'

Empfehlung für den Anbau von pilzwiderstandsfähigen Weintrauben

'Rosetta'

'Rosina'

'Osella'

'Rosina'
Beerenfarbe: blau-rot
Wuchs: kräftig, dunkelgrüne, spitzgezackte Blätter
Trauben: mittelgroß, gleichmäßig geformt
Beeren: groß, knackig, fein bukettiert
Reife: früh
Besonderheiten: Schutz gegen Vögel und Wespen erforderlich

'Decora'

'Osella'
Beerenfarbe: blau-rot
Wuchs: kräftig, sehr dekorative Blätter
Trauben: groß, locker, gleichmäßig geformt
Beeren: groß, knackig, süß
Reife: sehr früh
Besonderheiten: Schutz gegen Vögel und Wespen erforderlich

'Muskat Bleu'
Beerenfarbe: blau
Wuchs: locker
Trauben: länglich
Beeren: groß, fest, lang
Reife: spät
Besonderheiten: frosthart, aromatischer Geschmack

'Boskoop Glory'
Beerenfarbe: blau
Wuchs: kompakt
Trauben: mittelgroß
Beeren: weich, mittelgroß
Reife: sehr früh

Besonderheiten: sehr hoher Ertrag; wegen der frühen Reife bei Vögeln, Wespen und Bienen sehr beliebt!

Empfehlung für den Anbau von pilzwiderstandsfähigen Weintrauben

'Johanniter'
Beerenfarbe: goldgelb
Wuchs: ähnlich wie die Mutterpflanze Riesling, mittelkräftig, weitgehend aufrecht
Trauben: mittelgroß, kompakt
Beeren: mittelgroß, rund
Reife: früh
Besonderheiten: winterhart

'Merzling'
Beerenfarbe: grün-gelb
Wuchs: sehr kräftig, aufrecht
Trauben: groß

Für jeden Zweck die richtige Sorte

'Johanniter'

'Solaris'

'Regent'

Beeren: mittelgroß, dünnschalig
Reife: früh
Besonderheiten: winterhart

'Solaris'
Beerenfarbe: grün-gelb
Wuchs: kompakt, kräftig, nicht ganz aufrecht
Trauben: mittelgroß
Beeren: mittelgroß
Reife: sehr früh

Besonderheiten: hohe Zuckerkonzentration der Moste; Pflanzgut kann vorerst nur über das Staatliche Weinbauinstitut Freiburg nach entsprechender Vorbestellung bezogen werden

'Bronner'
Beerenfarbe: grün
Wuchs: sehr kräftig
Trauben: mittelgroß
Beeren: mittelgroß
Reife: früh
Besonderheiten: frosthart, leidet unter zu großer Trockenheit; Pflanzgut kann vorerst nur über das Staatliche Weinbauinstitut in Freiburg erworben werden

'Regent'
Beerenfarbe: rot-blau
Wuchs: kompakt
Trauben: mittelgroß
Beeren: klein
Reife: spät

Besonderheiten: zum Verzehr wie zum Keltern geeignet

Diese Sortenliste ist nicht vollständig, stellt aber eine aktuelle Auswahl bewährter Tafel- und Weintrauben für den Hausgarten dar. Das Sortiment wird durch weitere Züchtungserfolge erweitert werden.

'Merzling'

'Bronner'

Klima und Standort

Gartenpraxis

Grundsätzlich ist die Rebe ein recht anspruchsloses Gewächs, das zuverlässig und eifrig wächst, wenn es bekommt, was es braucht, nämlich humosen Boden, einen sonnigen Standort und Wasser. Bevor sich der Hobbygärtner nun Pflanzgut besorgt und mit Spaten und Tatendrang ausgestattet ans Werk geht, sollte er sich genauer mit den Bedürfnissen der Reben auseinander setzen und sich gründlich überlegen, was er von ihr erwartet und was er ihr bieten kann. Durch ehrliches Abwägen im Vorfeld können sich Gartenfreunde manch spätere Enttäuschung ersparen.

Klima und Standort

Es stimmt schon: Weinreben lieben gemäßigte Klimazonen, als Kinder des Mittelmeerraums sind sie von Sonne und Wärme verwöhnt. Für die in Europa beheimateten Sorten galten darum bisher 400 Höhenmeter als magische Grenze – vor allem wegen der kurzen Vegetationsperiode und der winterlichen Minusgrade.
Wer nicht gerade im Kaiserstuhl oder anderen warmen und sonnigen Gegenden Deutschlands wohnt, sollte sich sicherheitshalber gerade bei einem „Kletterjob" für seinen Weinstock für eine Südseite entscheiden.

Wie bereits erwähnt, können wir uns viele Enttäuschungen im Garten ersparen, wenn wir uns mit den Bedürfnissen unserer Pflanzen auseinander setzen, bevor wir zum Spaten greifen. Dazu gehören auch allmähliche Veränderungen der Licht- und Bodenverhältnisse im Umfeld unserer Pflanze.

Doch jetzt kommt die frohe Botschaft für Hobbygärtner aus Bergregionen: Die neuen, pilzwiderstandsfähigen Sorten gedeihen – wegen ihrer nordamerikanischen sowie asiatischen und darum an Kälteperioden gewohnten Urgroßeltern – ohne weiteres in Höhenlagen bis zu 1000 Metern und können auch Frost von bis zu minus 20 Grad problemlos wegstecken.

Weinstöcke wie dieses Prachtexemplar werden gut 50 Jahre alt und älter, wenn sie sich an ihrem Standort optimal entwickeln können.

Gartenpraxis

Mediterranes Flair auch in Höhenlagen

Wer einen Garten in höheren Lagen bewirtschaftet, braucht künftig auf südliches Flair durch einen malerischen Weinstock an seiner Hauswand nicht zu verzichten. Allerdings sollte die Vegetationsperiode April bis Oktober weitestgehend frostfrei sein und der Winterfrost die 20 Grad minus nicht unterschreiten. Wegen der kürzeren Vegetationszeit in Höhenlagen sollten sich „Berggärtner" für eine früh reifende Traubensorte entscheiden. Es empfiehlt sich zudem, die Reben an einer warmen Südwand zu ziehen. Günstig ist zudem eine Bodenabdeckung mit Kieseln oder Steinen, die Sonnenwärme speichern. Bei Gefahr starker Fröste können die Reben ähnlich wie Rosen mit Reisigabdeckungen geschützt werden.

Der Boden

Tafel- und Weintrauben gedeihen in jedem guten Gartenboden, der allerdings zumindest etwas kalkhaltig sein sollte. Lediglich extrem saure Böden vertragen sie nicht. Hier gedeihen dafür Rhododendren und Azaleen prächtig.

Gerade im Eingangsbereich verströmen Weinreben mediterranes Flair und Gastlichkeit.

Wer sich hinsichtlich des pH-Werts in seinem Gartenbodens nicht sicher ist, sollte sich zu einer Bodenuntersuchung entschließen. Adressen von entsprechenden Labors können bei den örtlichen Landwirtschaftsämtern erfragt werden.
Auf jeden Fall sollte der Boden vor der Pflanzung tiefgründig gelockert werden. Staunässe ist Gift für Reben, die ja einst im lockeren, durchlässigen, mit viel Laubkompost versorgten Waldboden zu Hause waren.

Zur Bodenverbesserung kann der angehende Hobbywinzer so verfahren, wie auch bei der Pflege von Gemüsebeet und Blumenrabatte.

Gründüngung und Mulchen

Mit der Verbesserung von Bodendurchlüftung und Nährstoffversorgung können die Gärtnerin und der Gärtner bereits im Herbst beginnen. Es empfiehlt sich eine Gründüngung, vor allem, wenn auf dem Beet „Schichtwechsel" angesagt ist, also alte Pflanzen ab-geräumt oder abgeerntet sind und der Boden sich re-generieren soll. Gründün-gungspflanzen besitzen meist weit verzweigte oder tief reichende Wurzeln, mit denen sie auch verdichtete Böden auflockern können. Als Gründüngung eignen sich zum Beispiel Bienen-freund (*Phacelia*) – eine Pflanze, die mit ihren klei-nen blauen Blüten hübsch aussieht und Bienen in Scharen anlockt, Buchweizen (*Fagopyrum*) oder Winter-roggen.

Leicht anzubauen sind zu-dem Senf, Ölrettich und Raps, die so genannten Kreuzblüt-ler also, die so schnell und problemlos wachsen wie Kresse. Säen Sie diese Arten aber nur aus, wenn vorher auf dem Beet keine anderen Kreuzblütler wie Kohl, Kohl-rabi, Judaspfennig oder Levkojen wuchsen.

Manche Pflanzen sind in der Lage, an ihren Wurzeln Stickstoff anzureichern, den wichtigsten, für das Wachstum verantwortlichen Nährstofflieferanten. Leguminosen (Schmetter-lingsblütler) wie Lupinen, Klee, auch Erbsen, Bohnen und Wicken sind solche Stick-stoff sammelnden Pflanzen, die sich auf mageren Böden als Gründünger eignen.

Die Düngepflanzen sät man im Spätsommer aus und lässt sie im Herbst einfach auf dem Beet stehen. Die meisten frieren während des Winters ab und werden im Frühjahr locker in die oberen Bodenschichten ein-gehackt. Winterroggen oder Klee dagegen überleben den Winter und eignen sich eher für sehr leichte, sandige Böden. Sie müssen mehrere Wochen vor der Pflanzung mit dem Spaten umgesto-chen und leicht in den Boden eingegraben werden.

Auch Kompost sollte bereits im Herbst ausgebracht wer-den. Wenn der Kompost noch nicht ganz ausgereift ist, darf er auf keinen Fall in den Boden eingearbeitet, sondern sollte nur ober-flächlich ausgebracht wer-den. Das Material arbeitet ja noch und dazu braucht es Sauerstoff. Auch reifer, krümeliger Kompost wird sachte in die Erdoberfläche eingeharkt. Außer im Winter kann Kompost zu jeder Zeit ausgebracht werden.

Eine warme Bodendecke nach dem Vorbild der Natur

Statt Gründüngung können Sie den Boden auch im Jahr vor der Rebpflanzung mit Kompost versorgen und

zusätzlich mulchen. Beson-ders im Sommer fördert eine Abdeckung mit frischem Rasenschnitt, Brennnessel-blättern, Beinwellblättern und anderen frischgrünen Pflanzenteilen das Boden-leben und schützt die kost-baren Bodenorganismen gegen Hitze und ausschläm-mende Regengüsse.

Auch beim Mulchen ist die Natur das beste Vorbild. Zu-mindest in unseren frucht-baren Breiten gibt es in der Natur kaum ein freies Plätz-chen, kaum nackten Boden. Entweder sind die Flächen von herabfallendem Laub bedeckt oder sie werden in kürzester Zeit „von allein" begrünt. Wie aus dem Nichts breiten sich Wildkräuter aus und bedecken die kahlen Stellen.

Eine warme Mulchdecke ist nicht nur Schutz vor Witte-rungseinflüssen, sondern verhindert also auch das übermäßige Ausbreiten von unerwünschtem Unkraut.

Das Pflanzen der Reben

Wir können unseren bewur-zelten Rebstecklingen zwar durchaus im Herbst ihr neu-es Zuhause zuweisen, das Frühjahr, am besten April und Mai, ist aber der geeig-netere Pflanzzeitpunkt. Der

Gartenpraxis

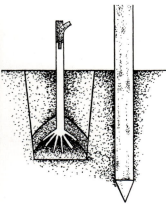

Beim Pflanzen sollte man darauf achten, dass sich die Pfropfstelle über der Erde befindet.

junge Rebstock hat dann genügend Zeit, sich an den Standort zu gewöhnen und in aller Ruhe Wurzeln zu schlagen, ohne kurz nach der Pflanzung dem Stress längerer Nässe- und Frostperioden ausgesetzt zu sein. Im Herbst gepflanzte Reben können sich im Frühjahr zwar zeitiger entwickeln, aber es besteht auch das Risiko von Frost- und Nässeschäden.
Im Grunde genommen brauchen Tafeltrauben keine Sonderbehandlung, weder beim Pflanzen noch bei Pflege und Schnitt. Wenn Sie Ihren Weinstock ungefähr wie eine Rose behandeln und vor allem in den ersten beiden Jahren einige Grundregeln beim Schnitt beachten, können Sie kaum etwas falsch machen. Wie bei der Rose müssen Sie sich auch beim Weinstock zunächst darüber im Klaren sein, was Sie von der Pflanze erwarten und was die Pflanze umge-

Es kann losgehen: Der Setzling ist angewachsen.

kehrt von Ihnen erwartet, damit sie sich wunschgemäß entwickeln kann.
Das Pflanzgut sollte ausschließlich direkt beim Winzer oder in Rebschulen gekauft werden. Es empfiehlt sich, die Pflanzen rechtzeitig (das heißt sicherheitshalber einige Monate vor dem Pflanzzeitpunkt) vorzubestellen. Vor der Verwendung nicht veredelter, also wurzelechter Rebstöcke wird ausdrücklich mit Verweis auf die Reblausanfälligkeit gewarnt. Aus demselben Grund sollten sich Hobbygärtner auch vor der eigenständigen Vermehrung ihrer Tafeltrauben durch Stecklinge hüten. (Eine Auswahl an Adressen von Veredelungsbetrieben und Rebschulen finden Sie im Anhang.)

Ausreichend Platz

Die wichtigste Anforderung an Ihren Einfallsreichtum stellt sich beim Platzangebot, das Sie zur Verfügung haben müssen. Der kleine Rebstock soll schließlich in zehn Jahren Ihre Hauswand möglichst vollständig begrünt haben, die Terrasse überdachen oder in angenehmer Gesellschaft als traditioneller Weinstock im Gemüsegarten wachsen.

Das Pflanzen der Reben

Denken Sie bei Ihren Planungen also vor allem daran, dass die Reben Platz brauchen. Dies nach oben wie vor allem auch nach unten: Weinreben sind hinsichtlich ihres Wasserbedarfs nicht sonderlich anspruchsvoll, weil sie sich mit ihren langen Wurzeln selbst um die nötige Wasserzufuhr kümmern. (Sie kennen vielleicht die Postkartenmotive vom Weinanbau auf der Kanareninsel Lanzarote: Dort wird nicht bewässert und die Rebwurzeln suchen in 20 bis 25 Metern Tiefe nach dem flüssigen Lebenselixier.)

In unseren Breiten werden die Wurzelausläufer selten

Mit ihrem weit verzweigten Wurzelsystem bohrt die Rebe Meter unter der Erde nach Wasser und Nahrung.

länger als immerhin 10 Meter, und das klappt natürlich nur dann, wenn sie nicht durch Beton, einen zu steinigen Untergrund oder den Boden eines Pflanzgefäßes in ihrem Wuchs ausgebremst werden.

Wer seinen Wein an den Wänden hinaufklettern lassen möchte, sollte den Pflanzabstand zur Hauswand so planen, dass der Stock genügend Regen abbekommt. Andernfalls muss ausreichend bewässert werden.

Oben und unten luftig

Wichtig ist, dass unser Boden, in den wir vielleicht den ausgereiften Kompost eingearbeitet haben, wirklich durchlässig ist und sich keine Staunässe bilden kann. Luftig liebt es der Wein übrigens nicht nur unterirdisch, sondern auch oberirdisch. Wo ihm ein leises Lüftchen um die Nase wehen kann, wird es Schädlingen gern ungemütlich.

Zwei bis drei Meter sollten Pflanzen auseinander stehen, die als waagrechter Kordon (siehe „Die Rebenerziehung") und/oder als Mauerbegrünung gezogen werden. Bei Pergolen und Laubengängen passt man den Pflanzabstand den Gegebenheiten

an, setzt die Rebstöcke aber auch nicht näher zueinander als einen Meter. Stöcke, die kurz gehalten und ihres Ertrags wegen kultiviert und entsprechend geschnitten werden (senkrechter Kordon, Bogenerziehung), sind mit 1 bis 1,5 Meter Abstand zum Nachbarn zufrieden. Zwischen den Reihen sollte der Abstand 1,5 bis 2 Meter betragen.

Der bewurzelte Steckling sollte vor dem Pflanzen einige Stunden lang in Wasser stehen. Wenn Sie nicht gleich nach dem Kauf Zeit zum Pflanzen haben, schlagen Sie ihn in Kompost ein, sodass die Wurzeln nicht austrocknen. (Eine Maßnahme, die sich bei Pflanzgut im Container erübrigt.) Die Pflanzgrube für eine einjährige Rebe sollte einen Durchmesser von etwa 20 bis 30 Zentimeter besitzen und 30 bis 40 Zentimeter tief sein. Der Boden des Pflanzlochs wird aufgelockert und die Erde mit Kompost und/oder gekaufter Pflanzerde vermengt. Wer es besonders gut mit seinem Liebling meint, kann den Erdaushub auch noch mit Gesteins- oder Knochenmehl mischen und die Grube damit wieder auffüllen. Vor dem Pflanzen kürzen Sie die Wurzeln vor allem

Gartenpraxis

seitlich und behutsam in der Länge ein, damit sie zu neuem Austrieb angeregt werden. Dann wird der Steckling so in das mit Pflanzerde oder reifem Kompost gepolsterte Pflanzloch gelegt, dass sich die Wurzeln nach allen Seiten gemütlich ausbreiten können, zwei Triebaugen mit Erde bedeckt werden und sich die Veredelungsstelle etwa 3 bis 4 Zentimeter über der Oberfläche befindet.

Soll unser Steckling als Kletterpflanze dienen, wird er schräg zur Wand oder zur Kletterhilfe gelegt, sodass er in die richtige Richtung wachsen kann.
Dass die Pflanzstelle sorgsam festgetreten und reichlich bewässert wird, versteht sich von selbst. Bei anhaltender Trockenheit ist vor allem in der ersten Zeit nach dem Pflanzen sorgfältig auf ausreichende Feuchtigkeit zu achten.

Pflegearbeiten im ersten Jahr

Die wichtigsten Arbeiten am jungen Rebstock beschränken sich im Wesentlichen darauf, seine Wuchsrichtung zu beeinflussen – je nachdem, was wir von ihm wollen. Und auch in dieser Hinsicht verblüfft die Weinrebe durch ihre Anspruchslosigkeit. Ob Sie sie wie im Weinberg kurz halten wollen, um einen Pfahl führen, zum Hochstamm erziehen oder buschig werden lassen, der Weinstock wächst in fast alle Richtungen: senkrecht, waagerecht, im Bogen – nur nicht nach unten.

Die Laubarbeiten

Unabhängig davon, für welche Wuchsform Sie sich entschieden haben, beschränken sich die Laubarbeiten im ersten Jahr auf das Ausbrechen (auch Auspflücken, Ausputzen oder Entgeizen genannt). Wir beginnen damit, sobald der Rebstock startklar zum Austrieb ist und die ersten „Gescheine" (Blütenstände) sichtbar sind. In der Regel lässt man nur einen Trieb stehen, den kräftigsten. Die anderen werden entfernt. Sie sollten damit bis nach den Eisheiligen (Mitte Mai) warten, damit Sie sicher sind, keine späten Frostschäden mehr befürchten zu müssen.
Der Trieb wird mit Bast, eingeweichtem Roggenstroh, Papierbindegarn oder Binsen auf die Stütze angebunden, auf den Pfahl oder Stab also, der den Weinstock zu seiner späteren Rankhilfe hinführt („aufheften" heißt

Alter, gut gepflegter Weinstock am Pfahl.

das in der Fachsprache). Dieser Pfahl soll mindestens so lang sein, wie der spätere Stamm der Rebe, also etwa einen Meter, unter Umständen auch länger – je nach Erziehungsart (siehe „Die Erziehung der Rebe...").

Im Laufe des Wachstums im ersten Jahr wird der Trieb regelmäßig „entgeizt", eine Arbeit, die Hobbygärtnern vor allem aus der Kultur von Tomatenpflanzen bestens bekannt ist. Es werden alle Seiten- oder Geiztriebe zwischen den Blattachseln sorgsam weggebrochen. Durch das Ausbrechen soll erreicht werden, dass sich das junge Stöckchen ganz auf die Entwicklung eines starken Haupttriebs konzentriert und keine Nährstoffe in unerwünschte Nebentriebe verschwendet werden.

Es empfiehlt sich zudem, den jungen Weinstock durch eine ausgewogene Versorgung mit Nährstoffen so zu kräftigen, dass er sich an seinem neuen Platz möglichst wohl fühlt, sich optimal entwickeln kann und so mit etwaigen Attacken durch Schädlinge ohne fremde Hilfe fertig wird.

Anhäufeln im Spätherbst

Hat unser Haupttrieb seine erste Vegetationszeit gut hinter sich gebracht, häufeln wir im späten Herbst den Fuß des Stammes mit so viel Erde an, dass die Veredelungsstelle und der untere Stammbereich bedeckt sind. Kratzen Sie dafür aber nicht die Erde um den Stock herum zusammen, sonst schädigen oder beschädigen Sie noch aus Versehen den Wurzelbereich. Am besten betten Sie die Füße Ihres Schützlings in reifen Kompost oder krümelige Muttererde. Sollte das Rebholz dennoch in zu kalten Wintern erfrieren, treiben im Frühjahr aus dem geschützten Pfropfhals neue Augen aus.

Das zweite Jahr

Auch im zweiten Jahr steht der Aufbau eines kräftigen Rebstocks im Mittelpunkt unserer Bemühungen – die möglicherweise und mit etwas Glück bereits durch die Ernte erster Trauben gekrönt werden können. Früchte bilden sich nur an den Trieben, die aus den Knospen des Vorjahrestriebs wachsen. Wein fruchtet also am einjährigen Holz, das auf zweijährigem Holz wächst. Mehrjähriges Holz dient dem Stockaufbau und der Erziehungsform. Das einjährige Holz ist das Fruchtholz, das die Trauben bringt.

Spätestens im zeitigen Frühjahr des zweiten Jahres müssen wir uns für eine bestimmte Erziehungsart entscheiden. Falls noch nicht geschehen, ist es jetzt auch höchste Zeit, die Unterstützungsvorrichtung anzubringen, entweder die Spalierhilfen für Wand, Pergola oder Gartenzaun oder die Pflöcke im Beet, falls wir uns für die Anlage eines – meist wohl ebenerdigen – Mini-Weinbergs im Garten entschieden haben.

Schnittarbeiten

Im Frühjahr werden die Triebe unseres bereits verholzten Stämmchens auf die Höhe des ersten Drahtes geschnitten. Der Trieb sollte an der Schnittstelle bereits 8 bis 10 Millimeter stark sein. Triebe, die noch nicht lang genug sind, werden dort angeschnitten, wo sich das oberste Auge befindet. Nur beschädigte und krumme Triebe sollten auf zwei bis drei Augen zurückgeschnitten werden, um der Pflanze zu einem neuen Anlauf für eine kräftige Entwicklung zu verhelfen. Die günstigste Zeit für diese ersten wichtigen Schnittarbeiten ist die Zeit kurz nach dem Austrieb, wenn die neuen Triebe bereits wenige Zentimeter lang sind (nicht länger als sechs Zentimeter). Gelegentlich wird auch der Schnitt vor dem Austrieb empfohlen, aber wie bei Rosen ist es besser damit zu warten, bis sich das erste zarte Grün zeigt. Erst dann lässt sich mit großer Sicherheit feststellen, wie weit unser Haupttrieb aus-

Gartenpraxis

gereift und in der Lage zu kräftigem, gesundem Austrieb ist. Außerdem „bluten" die Schnittstellen nicht mehr, das heißt die Augen können nicht mehr verkleben. Allerdings fordert das Anbinden der Stämmchen bei dieser Methode mehr Zeit und Sorgfalt, um die jungen Austriebe nicht zu beschädigen.

Zum Anbinden der Stämmchen empfehlen Fachleute ein sechs Zentimeter breites, dehnbares Plastikband (im Handel als Römer- oder Polyband erhältlich). Es kann nicht einschneiden und muss nicht entfernt werden. Bei der Verwendung von Bast und anderem Bindematerial muss unbedingt darauf geachtet werden, dass die Pflanze nicht eingeschnürt und vor allem an den Austriebsstellen nicht verletzt wird. Je nach Bedarf wird das Stämmchen zwei- bis dreimal an den Pfahl gebunden.
Anschließend werden alle Triebe bis auf die obersten drei bis fünf ausgebrochen. Die stehen gebliebenen sollen sich später ungehindert wie ein Fächer im Drahtgerüst ausbreiten. Bei Reben, deren Haupttrieb zuvor auf zwei bis drei Augen zurückgeschnitten werden musste,

sollten auch von unten zwei bis drei Triebe herangezogen werden, da einer allein zu üppig wachsen würde.

Das dritte und die folgenden Jahre

Normalerweise sollte der Stockaufbau jetzt weitgehend abgeschlossen sein. Zu den regelmäßig wiederkehrenden Arbeiten am Rebstock gehören Laubarbeiten, Schnitt, Formierung des Fruchtholzes, Düngung und Bodenpflege.
Zu den wichtigsten Laubarbeiten zählt das Ausbrechen aller überflüssigen Triebe am mehrjährigen Holz. Man bezeichnet sie auch als Wasserschosse, weil sie keine Früchte tragen und den Frucht tragenden Trieben nur unnötig Nährstoffe und Platz rauben. Sie werden mit einer guten Schere oder einem scharfen Messer unmittelbar am Holz abgeschnitten.
Zu den regelmäßigen Arbeiten während des Sommers gehört das Heften der Triebe, die an Spalieren und Drahtvorrichtungen befestigt und angebunden werden. Wir sorgen so für eine gleichmäßige Verteilung der Triebe und fördern gleichzeitig das Wachstum der Trauben.

Der Laubschnitt

Beim Laubschnitt kürzen wir die Triebe ein, die im Laufe des Sommers zu lang geworden sind und zu viel Nährstoffe und Wasser verbrauchen würden. Wenn die Triebe Trauben tragen, lassen wir mindestens acht bis zehn Blätter stehen, um eine ausreichende Ernährung der Trauben zu gewährleisten. Wichtig ist dies vor allem bei der Bogenerziehung am Pfahl, um dem Stock genügend Licht und Luft zu verschaffen. Diese Arbeit ist bei der Spaliererziehung nicht so wichtig, weil sich die Reben hier ohnehin mehr oder weniger ungestört ausbreiten können. Die Triebe sollen immer so eingekürzt werden, dass über den obersten Blüten noch mehrere Blätter bleiben, damit die Ernährung des Stockes nicht leidet und die Trauben nicht ungeschützt der Sonnenbestrahlung ausgesetzt sind. Triebe, die keine Trauben tragen, werden herausgeschnitten. Gegen Ende des Winters wird die gesamte Fruchtzone, also die Vorjahres-Tragrute mit ihren einjährigen Trieben, dicht am Zapfen abgeschnitten. Beim Ausgeizen konzentrieren wir uns auf die Trauben-

32

Die Rebenerziehung

zone, wo wir die Nebentriebe aus den Blattachseln entfernen.
Durch das Entlauben im Spätsommer soll die Bildung von Trauben optimiert werden. Mit beginnender Traubenreife werden die Blätter in der Umgebung der Trauben entfernt. So können die Trauben schneller abtrocknen, die Gefahr von Fäulnis ist geringer, die Beeren erhalten mehr Sonne und Luft.
Schneiden und Erziehen von Weinreben ist eine Wissenschaft für sich, klingt aber komplizierter, als es in der Praxis ist.
Hobbygärtner sollten sich nicht von den komplexen Arbeitsgängen irritieren lassen. Wer unsicher ist, sollte die ersten Schnitt- und Pflegemaßnahmen von Fachleuten ausführen lassen und dabei zuschauen und lernen. Wenn man bedenkt, dass ein Weinstock leicht 50 Jahre und älter werden kann, lohnt sich ein gewisser Erziehungsaufwand in seiner Kindheit.

Die Rebenerziehung

Vor allem in ihrer Jugend muss die ungestüme Wuchsfreude unserer Reben in relativ strenge Bahnen gelenkt werden. Die Rebe würde sonst außer Rand und Band wachsen, von unten verkahlen, nicht den erwünschten Ertrag bringen und die ihr zur Verfügung stehenden Flächen ungeordnet überwuchern.
Nach ihrem natürlichen Wuchsverhalten strebt die Rebe stets nach Höherem. Die in der Spitze liegenden Knospen treiben also am kräftigsten aus.
In der verwirrenden Fülle von Erziehungsmöglichkeiten basieren alle Schnittvarianten auf dem Prinzip von „Stamm und Kordon". Als Kordons bezeichnet man die waagerecht und senkrecht geführten Gerüstarme, als Stamm das alte Holz, welches das lebenslange Grundgerüst des Weinstocks bildet. Dieses Grundgerüst wird je nach Bedarf in die Höhe geführt, bei Pergolaerziehung oder Laubengängen so hoch wie nötig, bei der Kordonerziehung ist der Stamm meist niedriger als einen Meter.
Das Fruchtholz dagegen wird jährlich im Frühjahr (März) beschnitten. Man unterscheidet im Wesentlichen zwischen:
• Bogenerziehung (mit jeweils acht und mehr Augen pro Fruchtrute),
• Streckererziehung (vier bis acht Augen pro Fruchtrute) und
• Zapfenerziehung (zwei bis vier Augen pro Fruchtrute). Diese grundsätzlichen Unterscheidungen der

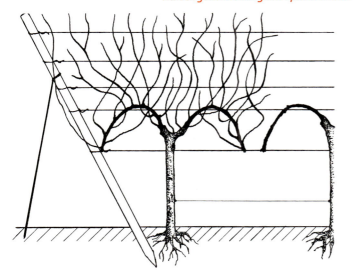

Halbbogenerziehung am Spalierdraht.

33

Gartenpraxis

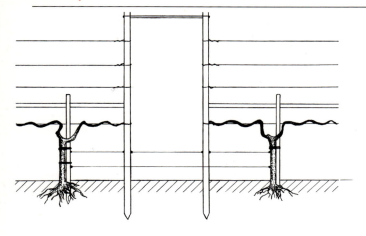

Drahtrahmen mit Durchgang für Kordonerziehung am Haus.

Wuchsform sind deshalb so wichtig, weil die Form des Altholzes sozusagen für den Rest des Rebenlebens festgelegt wird, während die Wachstumsweise des Fruchtholzes im Laufe der Jahre variiert werden kann.

Die klassische Bogenerziehung ist die einfachste Erziehungsform und empfiehlt sich bei frei stehenden Rebreihen oder bei einem niedrigen Spalier. Auf dem etwa einen Meter langen Stamm werden ein bis zwei Fruchtruten ausgewählt und als flacher Bogen an der Unterstützungsvorrichtung befestigt. An dieser Rute wachsen die diesjährigen Triebe mit Blüten und Früchten. Nach einem ähnlichen Prinzip funktioniert die Kordonerziehung. Wir ziehen vom

Stamm aus zusätzlich ein bis zwei quer stehende Altholzarme heran und schneiden erst darauf das Fruchtholz an, als Strecker oder Zapfen (siehe oben).

Beim Zapfenschnitt werden nur Triebe auf der Oberseite der Kordonarme angeschnitten, um die Unterseite des Kordonarmes wundfrei zu halten. Auf den Kordonarmen, also dem Altholz, entstehen Zapfen, indem man den Vorjahrestrieb auf zwei bis drei Knospen zurückschneidet. Aus den oberen Augen wächst dann die Fruchtrute, die später den Ertrag liefert.

Spalierdrahtrahmen

Der unterste Draht wird in 60 bis 90 Zentimeter Abstand zum Boden befestigt. An ihm befestigen Sie bei der Bogenerziehung das Fruchtholz, bei der Kordonerziehung den Kordonarm. Weiterhin werden nach oben mindestens drei Drähte im Abstand von 20 bis 25 Zentimetern gespannt und gegebenenfalls mit

Drahtrahmen für frei stehende Rebreihe in Kordonerziehung.

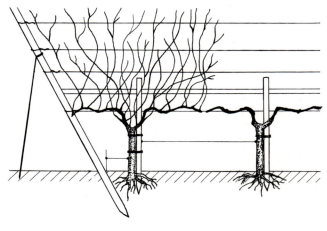

Allgemeine Tipps zur Kräftigung des Weinstocks

Hilfe zusätzlicher Verankerungspfähle verbunden. Daran heften Sie im Laufe des Sommers die Fruchtruten an.

Immer an der Wand entlang

Die Erziehungsarten für größere Flächen basieren auf den beschriebenen Methoden, sie werden nur den Gegebenheiten angepasst. So kann man an einer Wand im Abstand von 60 bis 80 Zentimetern zwei bis drei waagerechte Kordonarme übereinander anlegen. Für die Begrünung schmaler Wandflächen, zum Beispiel zwischen zwei Fenstern, eignet sich die Erziehung eines senkrechten Kordons. Die Fruchttriebe kürzen wir mit Ausnahme des Haupttriebes an der Spitze auf Zapfenlänge ein. Für Pergolen und Lauben bauen wir unseren Stamm in Etappen auf. Im zweiten Jahr schneiden wir vom einjährigen Stämmchen eine Rute mit zehn bis zwölf Augen an und führen sie senkrecht nach oben. Nach dem Austreiben lassen wir die beiden obersten Triebe stehen und binden sie an. Im Folgejahr benutzen wir den kräftigeren von beiden zur Verlängerung des Stam-

mes, den zweiten schneiden wir als Zapfen an. Entwickelt sich die Rebe wunschgemäß, sollte der Stamm im vierten Jahr etwa auf zwei Meter Höhe gewachsen sein. Nun beginnen wir mit dem Aufbau waagerechter Kordonarme und formieren die Reben nach und nach so, dass unsere Laube gleichmäßig bewachsen wird.

Allgemeine Tipps zur Kräftigung des Weinstocks

Da Weinreben keine besonderen Ansprüche an die Nährstoffversorgung stellen, sondern als eher bescheidene Esser gelten, genügt die ausgewogene Versorgung mit den Grundnahrungsmitteln. Vor einer Düngung mit chemischen Düngesalzen wird ausdrücklich gewarnt. Es besteht leicht die Gefahr der Überdüngung. Die Wurzeln, die solche mineralischen Präparate leicht aufnehmen, haben praktisch nichts mehr zu tun. Sie werden träge und faul, die Widerstandsfähigkeit der Pflanzen lässt nach, das Bodenleben verarmt. Die organische Düngung sollte auf die individuellen Gartenverhältnisse und den Ernährungsbedarf der Pflan-

zen abgestimmt sein. Weingärtner können sich in der Regel auf die Beigabe von Kompost konzentrieren. Auch wer mit organischen Düngern des Guten zu viel tut, wird wenig Freude an den aufgeschwemmten Früchten mit geringem Aroma haben. Ob Weintraube, Tomate oder Apfel: Der Geschmack einer Frucht ist immer stark von der Nahrung, mit der sie versorgt wurde, abhängig.

Die wichtigsten Nährstoffe im Einzelnen:

Stickstoff ist der wichtigste Nährstoff, der zur Bildung der lebenswichtigen Eiweißverbindungen gebraucht wird und für das Wachstum von Trieben und Blättern verantwortlich ist. Das größte Stickstoffreservoir ist die Luft, aus der bestimmte Mikroorganismen im Boden (so genannte Knöllchenbakterien vor allem) Stickstoff binden, um ihn organisch umwandeln zu können. Pflanzliche Stickstoffsammler wurden bereits bei der herbstlichen Gründüngung erwähnt. Als stickstoffhaltige organische Dünger können Hornmehl und Hornspäne empfohlen werden, die im Handel erhältlich sind.

35

Gartenpraxis

Mist hat ebenfalls einen hohen Stickstoffanteil, er sollte allerdings nie frisch, sondern nur nach längerer Kompostierung ausgebracht werden. Eine besonders hohe Stickstoffkonzentration befindet sich in Geflügel-, Pferdemist-, Schaf- und Ziegenmist.

Überdüngung mit Stickstoff führt dazu, dass die Pflanzen ins Kraut schießen und sehr viel Blattmasse bilden. Darunter leidet die Blüten- und Fruchtbildung und die Pflanzen werden anfälliger gegen Schädlinge und Krankheiten. Bei extremer Überdüngung kommt es zu regelrechten Verbrennungen.

Ein Stickstoffmangel ist erkennbar an Kümmerwuchs und gelblicher Verfärbung besonders der älteren Blätter.

Phosphor fördert vor allem die Blüten- und Fruchtbildung. Phosphorverbindungen sind in humosen, vitalen Böden so gut wie immer in ausreichender Menge vorhanden. Zusätzliche Phosphorgaben sollten Sie nur nach einer Bodenuntersuchung geben, wenn Phosphormangel diagnostiziert wurde. Knochen- und Thomasmehl weisen zum Beispiel einen hohen Phosphoranteil auf sowie Geflügelmist oder Guanodünger .

Überdüngung mit Phosphor führt zu Störungen des pflanzlichen Stoffwechsels, der dann bestimmte Spurenelemente nicht mehr aufnehmen kann und mit Wachstumsstörungen reagiert. Phosphormangel äußert sich in rötlich-braunen bis violetten Blattverfärbungen, schlechter Wurzelbildung und geringem Fruchtansatz.

Kali ist maßgeblich für die Stabilität des Pflanzengewebes verantwortlich und fördert die Wurzelbildung und Frosthärte. Kali hat eine wichtige Funktion beim Stoffwechsel der Pflanzen. Es ist an der Photosynthese und der Bildung von Stärke und Zucker entscheidend beteiligt. Auch Kali ist in lebendigen Böden ausreichend vorhanden. Holzasche, Algenprodukte und Knochenmehl haben einen hohen Kalianteil, außerdem kann mit verkompostiertem Schweinemist gedüngt werden.

Eine Überdüngung mit Kali äußert sich in Wuchshemmungen. Außerdem kann durch eine Überdosierung mit Kali Kalkarmut im Boden entstehen.

Kalimangel ist an oft plötzlichem Wachstumsstopp zu erkennen. Warnsignal ist die bräunliche Verfärbung von Blatträndern.

Kalk bindet Säuren und aktiviert das Bodenleben. Er gehört zu den wichtigsten Bausteinen für eine Balance im Boden. Kalkdünger sind Thomasmehl, Algenkalk und Basaltmehl.

Bei Überdüngung mit Kalk wird der Boden stark alkalisch, die Pflanzen können dadurch andere Nährstoffe wie Eisen und Mangan schlechter aufnehmen. Kalkmangel zeigt sich in schlechtem Wurzelwachstum – der Boden wird sauer.

Spurenelemente sind für das Wachstum sehr wichtig, wenn sie auch nur – wie schon der Name sagt – in kleinen Mengen, eben in Spuren, gebraucht werden. Magnesium, Eisen und Kupfer sind die wichtigsten Spurenelemente, ohne die der pflanzliche Stoffwechsel nicht auskommt. Spurenelemente sind in einem gesunden Boden ausreichend vorhanden.

In aller Regel sind Weinreben mit regelmäßiger Beigabe von Kompost zufrieden, der während des ganzen Jahres (außer im Winter) ausgebracht werden kann. Wer es besonders gut mit seinen Rebstöcken meint, kann den Kompost mit Guano, Holzasche, Knochen- oder Steinmehl mischen.

Ökologischer Weinbau als Vorbild für den Hobbygärtner: Düngung mit Trester.

Flüssige Düngung mit Jauchen

Im frühen Sommer, bevor sich die Fruchtansätze bei unseren Weinstöcken bilden, kann eine Extradosis Flüssignahrung nicht schaden. Erfahrene Biogärtner werden über ihre eigenen Rezepturen für diverse Jauchen verfügen, die sie selbst ansetzen. „Jauche-Neulingen" sei vor allem die bewährte Brennnesseljauche empfohlen. Brennnesseln gibt es in jedem Garten – falls nicht, sollte ihnen ein eigenes Plätzchen eingeräumt werden, um auf ihre heilende und stärkende Wirkung nicht verzichten zu müssen. Brennnesseln können während des ganzen Jahres geschnitten werden – nur Samen tragendes Kraut ist nicht geeignet.

Die Brennnesseln werden klein geschnitten und in eine Holz- oder Kunststofftonne gefüllt. Die Tonne darf ruhig zu zwei Dritteln mit Schnittgut gefüllt werden, es sackt ohnehin in sich zusammen, sobald das Gefäß mit Wasser aufgefüllt wird. Füllen Sie es jedoch nicht ganz bis zum Rand, da die Jauche während des Gärungsprozesses nach oben schäumt.

Einmal täglich sollte die Jauche umgerührt werden. Es ist nicht zu vermeiden, dass die Jauche während des Zersetzungsprozesses riecht (genauer gesagt: sie stinkt). Schon deshalb sollten Sie Ihre Jauchefässer nicht gerade in der Nähe Ihrer Terrasse aufstellen. Achten Sie auch darauf, dass die Tonnen überdacht stehen, damit sie bei Regen nicht überlaufen, andernfalls müssen Sie die Tonne während der Niederschläge abdecken.

Die Jauche ist fertig, wenn sie nicht mehr schäumt – je nach Sonneneinstrahlung und Temperatur ist dies nach ein bis zwei Wochen der Fall.

Die Jauche darf auf keinen Fall unverdünnt auf den Wurzelbereich der Pflanzen ausgebracht werden, sondern muss in einem Verhältnis von etwa 1 : 10 verdünnt sein.

Sie können auch von anderen Kräutern stärkende Pflanzenjauchen ansetzen und die Kräuter miteinander kombinieren – der Phantasie und Experimentierfreude sind da keine Grenzen gesetzt. Für die Nährstoffjauchen eignen sich vor allem Beinwell, aber auch Kamille, Löwenzahn, Rainfarn, Zwiebeln und Knoblauch.

Abgesehen vom regelmäßigen Anheften und Ausgeizen sollten wir immer wieder ausreichende Feuchtigkeit und Bodenlockerheit kontrollieren (hilfreich ist hier eine schützende Mulchdecke, deren Vorzüge bereits gelobt wurden).

Gartenpraxis

Trotz aller Toleranz: Schädlinge und Krankheiten

Obwohl wir uns für pilzwiderstandsfähige Sorten entschieden haben, heißt das nicht, dass unserem Weinstock nun gar keine Gefahr mehr droht. Wir können uns aber sicher sein, dass unsere widerstandsfähigen Stöcke allein mit Schädlingen fertig werden, sofern wir die Grundregeln für ihre Kultur beachtet haben.
Unsere Weinstöcke sind eben „tolerant" gegenüber Mehltau & Co., und wir sollten es auch sein.
Lassen Sie sich also nicht verunsichern, wenn Sie hier und da ein paar Flecken auf Ihren Weinblättern entdecken. Es kann aber nie schaden, die häufigsten Parasiten zu kennen, von denen sich die meisten exakt auf Wein spezialisiert haben.
Im Anschluss an die folgenden Kurzporträts der Weinwidersacher geben wir Ihnen zudem ökologisch verträgliche Tipps, die Ihren Weinstöcken das Leben mit der Gefahr von außen wesentlich erleichtern können. Das wichtigste ist, dass sich Ihre Weinstöcke im Garten wohlfühlen, dann besitzen sie auch gute Abwehrkräfte.

Harmonisches Miteinander soll in unserem Garten herrschen. Ein Admiral-Falter auf einer Rebe 'Muscat bleu'.

Pilzerkrankungen

Echter Mehltau
(Uncinula necator)

Der Pilzerreger befällt alle grünen Rebteile. Anzeichen für Befall ist bereits im Frühjahr ein weißer Belag der einzelnen Triebe. Blätter haben zuerst auf der Oberseite helle Flecken, die an der Unterseite graubraun erscheinen. Später sind diese Flecken von einem weißen Pilzgeflecht durchzogen, die sich im Sommer bei starkem Befall schwarz verfärben können. Auf den Blütenknospen ist der Pilz ebenfalls als dünnes, weißes Geflecht sichtbar, später wächst er in die Beeren hinein.

Trotz aller Toleranz: Schädlinge und Krankheiten

Echter Mehltau zerstört die Haut, die Beere platzt auf.

Falscher Mehltau
(Plasmopara viticola)
Dieser im 19. Jahrhundert mit Echtem Mehltau von Nordamerika nach Europa eingeschleppte Pilzerreger fühlt sich dort am wohlsten, wo es häufig regnet. Als

Typisch Falscher Mehltau: Lederbeeren.

erste Befallsanzeichen sind aufgehellte Ölflecke von ein bis zwei Zentimeter Durchmesser an den Blättern erkennbar. An deren Unterseite bildet sich ein weißlicher Sporenrasen, sobald in der Nacht die Luftfeuchtigkeit über 92 Prozent ansteigt oder Regen fällt. Nach einiger Zeit trocknen die Blätter ein und fallen ab. Gescheinsbefall zeigt sich durch bräunliche Verfärbung der Blüten, die nach unten verdreht sind und meist abfallen. Wird die ganze Traube infiziert, verfärben sich die Beeren rotbraun und werden schrumpelig. Diese so genannten Lederbeeren sind charakteristisch für den Befall mit Rebenperonospora.

Graufäule oder Beerenfäule
(Botrytis cinerea)
Graufäule wird von dem Schwächeparasiten *Botrytis* hervorgerufen, der sich speziell in Wunden und schwachem Gewebe einnistet. Im Gefolge eines Sauerwurmbefalls erscheint dann häufig dieser Pilz.

Bekämpfung von Pilzerkrankungen
Befallene Stellen (Triebe, Blätter, Gescheine, Reben) sollten sorgsam entfernt und möglichst verbrannt werden, um eine weitere Ausbreitung zu verhindern. Achten Sie darauf, dass es Ihre Reben luftig haben und schnell abtrocknen können. Dann können sich Pilzerreger nicht so leicht ausbreiten.

Im Gefolge von Verletzungen oder Schädlingsbefall macht sich häufig Graufäule auf den Beeren breit.

Stärkende Pflanzenbrühen zum Vorbeugen
Zur Stärkung der Eigenabwehr und als Prophylaxe können die Reben mit Schachtelhalmbrühe gespritzt werden. Dafür werden ein Kilogramm frische oder 150 Gramm getrocknete Ackerschachtelhalm-Pflanzen (auch Zinn-

39

Gartenpraxis

Wie Pocken sehen die gelben Ausschläge aus, die die Rebpocken- oder Blattgallmilbe auf dem Rebblatt hinterlässt.

Tierische Schädlinge

Einbindiger Traubenwickler
(Clysia ambiguella)
Bekreuzter Traubenwickler
(Lobesia botrana)

Die Raupen der ersten Generation schlüpfen während der Heuernte, etwa Mitte bis Ende Juni. Die rund einen Millimeter große Raupe frisst sich in den Blütenstand ein. Wenn die zweite Generation Traubenwickler aus den Eiern schlüpft – etwa Ende Juli bis Anfang August –, trägt die Rebe bereits Beeren. Diese werden von der so genannten Sauerwurmgeneration befallen. Die Beeren werden gleichsam von innen leer gefressen und beginnen häufig zu faulen.

Bekämpfung

Die Raupen treten in der Regel nicht gleich in Massen auf. Bei den wenigen Stöcken, die im Garten kultiviert werden, können die gefräßigen Tierchen einfach mit einer Stecknadel aufgepikst und so vernichtet werden. Bei größerem Befall hilft eine besondere Methode zur Geburtenregelung, wie sie sich bei den Winzern bestens bewährt hat: Konfusion im Liebesleben der hungri-

kraut genannt) für 24 Stunden in zehn Liter Wasser eingeweicht. Am nächsten Tag lässt man diese Brühe etwa eine halbe Stunde lang köcheln. Später wird sie durchgesiebt und vor dem Ausspritzen mit der fünffachen Menge Wasser verdünnt. Die stark kieselsäurehaltige Kräuterbrühe wird bei trockenem, sonnigem Wetter gespritzt. Die Brühe sollte vorzugsweise in den Abendstunden ausgebracht werden, um eine direkte Sonneneinstrahlung wegen der Gefahr von Verbrennungen zu vermeiden. Die vorbeugende Wirkung ist am größten, wenn die Spritzungen von Frühjahr bis Sommer regelmäßig wiederholt werden.
Kräftigende Pflanzenbrühen, die Pilzerreger abwehren, lassen sich auch aus Knoblauch, Brennnesseln und Beinwell herstellen. Sie können die Pflanzenextrakte auch miteinander mischen.

Trotz aller Toleranz: Schädlinge und Krankheiten

gen Motte. Damit das Weibchen von ihrem Partner gefunden werden kann, verströmt sie nämlich einen spezifischen Duftstoff (Pheromon). Durch das Ausbringen von synthetischem Pheromon (in Raiffeisen-Genossenschaften oder im guten Fachhandel erhältlich) wird das Mottenmännchen so verwirrt, dass es die Orientierung verliert und die Hochzeit ausfällt.

Rebpockenmilbe, Blattgallmilbe
(Eriophyes vitis)
Die winzigen Milben (kleiner als einen Millimeter) überwintern in den Knospen und ziehen später auf die Blätter um. Durch ihren Speichel produzieren sie beim Blätterfraß pockenartige Erhebungen, die anfangs gelblich bis rötlich, später bräunlich verfärbt sind. Auf der Blattunterseite sind die „Grübchen" mit dichtem Haarfilz ausgefüllt. Oft liegen die Pocken so dicht nebeneinander, dass die Oberfläche gewellt ist.

Kräuselmilbe
(Calepitrimerus vitis)
Die Winzlinge überwintern ebenfalls in den Knospen und besiedeln später Triebspitzen und Blätter. Aus den Eiern entwickeln sich bereits nach etwa 20 Tagen erwachsene Tiere, die zu Tausenden Blätter ansaugen. Bei starkem Befall können die Kümmertriebe mit löffelartig gekrümmten Blättchen absterben. Ältere Blätter kräuseln und verformen sich. Im Gegenlicht sind die Fraßspuren der Kräuselmilben als sternartige Aufhellungen sichtbar.

Bekämpfung
Sofern die Gescheine nicht befallen sind, ist eine Bekämpfung meist überflüssig. Praktischerweise haben sich zudem Raubmilben auf das Fressen von Pockenmilben spezialisiert (eine ähnliche Partnerschaft wie bei Läusen und Marienkäfern auf Rosen). Die Raubmilben erscheinen bei Befall mit Pockenmilben meist von allein, die Nützlinge können aber auch in Rebschulen oder bei Winzern gekauft werden.

Reblaus
(Phylloxera vastatrix)
Die Reblaus mit ihrem komplizierten Lebensrhythmus tritt unterirdisch als Wurzelreblaus auf, wo sie die Wurzeln anbohrt und der Rebe so ihre Nährstoffe entzieht. Oberirdisch schwächt die Blattreblaus das Wachstum sowie den Frucht- und Holzertrag und verzögert die Reife. Die an der Wurzel lebende Reblaus (und nur die kann Europäer-Reben gefährlich werden) ist etwa 1,5 Millimeter groß und kann bis zu 800 Eier ablegen. Sie vermehrt sich mit vier bis fünf Generationen im Laufe eines Jahres. Die Läuse stechen die Wurzeln an und ernähren sich vom Zellsaft.

Oberirdisches Schadbild der Blattreblaus.

Bekämpfung
Durch die Einführung von Pfropfreben ist die Reblausgefahr gebannt, wir brauchen uns darum um diesen Schädling eigentlich nicht zu kümmern. Die amerikanischen Wurzeln, auf denen unsere Reben wachsen, können sich gegen die Stichstellen der Läuse mit einer

Gartenpraxis

Netze schützen vor gefiederten Leckermäulern.

Art Korkschicht wehren und sich so selbst schützen. Der Vollständigkeit halber sei aber erwähnt, dass auch dieser Parasit seine natürlichen Feinde hat, die sich kulinarisch auf ihn spezialisiert haben. Dazu zählen Marienkäfer, Schwebfliegen und verschiedene Milben.

Wespen

Wespen können im Reifestadium unserer Trauben zur Plage werden. Sie beißen reife Beeren an und saugen den Saft. Die angefressenen und verletzten Beeren ziehen dann auch Bienen, Fliegen, Pilze und Bakterien an, die das zerstörerische Werk fortsetzen und unter Umständen auch gesunde Beeren infizieren.

Die Bekämpfung von Wespen ist nicht einfach. Manche Gärtner haben gute Erfahrungen mit flüssigen Fallen gemacht, indem sie Gefäße mit Zuckerwasser, Bier und Wein aufstellen, um die Plagegeister anzulocken und zu ertränken. Es ist aber zu befürchten, dass den Wespen reife Trauben besser schmecken und sie das Bier dafür stehen lassen. Leidlich verlässlich schützen dichte Netze, mit denen die Reben umhüllt werden. Besonders kostbare Trauben können auch mit einzelnen Gazebeuteln geschützt werden.

Vögel

So sehr wir sie lieben, die fröhlichen Amseln, Drosseln, Spatzen und Stare, sie zählen nun einmal zu den häufigsten Beerendieben. Wir würden ihnen ja durchaus einen kleinen Teil unserer Ernte abgeben, das wirklich Unangenehme an ihrer Traubenmahlzeit ist aber, dass die Vögel die Beeren anpicken, die dann anfangen zu tropfen und am Stock gären. Das können wir natürlich selbst als Vogelfreunde und gutmütige Biogärtner nicht erlauben.

Sie können zwar versuchen, die Vögel mit Flatterbändern und Vogelscheuchen vom Weinstock fern zu halten, ehrlicherweise hilft aber nur eines: Das Spannen von Netzen (gibt es im Fachhandel). Die Netze steigern zwar nicht gerade den Zierwert unseres Weinstocks, aber anders lässt sich unsere Ernte nicht schützen.

42

Ernten und genießen

Welche Vorstellung könnte für Hobbygärtnerinnen und Hobbygärtner wohl verlockender sein, als die von Tafeltrauben aus dem eigenen Garten? Sich das ganze Jahr am wunderschönen Anblick der Reben zu erfreuen, ihr Wachsen zu beobachten und schließlich als Krönung im Herbst eigene, sonnengereifte, pralle, duftende Trauben aus dem feurig-roten Blattwerk an der Pergola zu pflücken.

Dekorativ, vielseitig und schmackhaft: Weinblätter aus ökologischem Anbau.

Ein Loblied auf das Blatt

Da wir uns ja für den Anbau von toleranten Sorten und für den Verzicht auf Chemieeinsatz entschieden haben, können wir auch die Weinblätter unter ganz neuen Aspekten betrachten. Natürlich sind sie in erster Linie einfach schön, jedes Jahr freuen wir uns aufs Neue an ihrer herbstlichen Farbenpracht. Aber unsere gesunden und rückstandsfreien Weinblätter können wir getrost auch nutzen – für unsere Gesundheit und für die Zubereitung leckerer Gerichte mit Weinblättern. Insbesondere rote Weinblätter erfreuen sich zunehmender Beliebtheit wegen ihrer heilenden Wirkung bei Venenerkrankungen und Krampfadern. Auszüge aus rotem Weinlaub sind in Salben, Tropfen und Kapseln verschiedener Hersteller enthalten. Die Weleda AG aus Schwäbisch Gmünd hat kürzlich ein eigenes Projekt ins Leben gerufen, bei dem weinbaulich nicht mehr genutzte Flächen im Jagsttal gezielt zur ökologischen Produktion von Weinlaub verwendet werden.

In der Küche sind frische oder konservierte Weinblätter Grundlage oder würzige Beigabe für viele Gerichte. Der säuerlich-würzige Geschmack von jungen, fein gehackten Ranken gibt Suppen, Salaten und Saucen einen besonderen Pfiff.

Blätter sammeln und konservieren

Weinblätter werden am besten im frühen Sommer gesammelt, wenn das Gewebe noch zart ist. Die Blätter können getrocknet werden und eignen sich hervorragend zur Zubereitung von Tee, der ein wenig herb schmeckt und bei Durchfall helfen soll. Der Tee kann

43

Ernten und genießen

frisch zubereitet werden oder aus Blättern, die in einem luftigen, trockenen Raum schonend getrocknet werden und dann monatelang haltbar sind.

Die gewaschenen und vom Stiel befreiten Blätter können auch kurz (knapp eine Minute lang) blanchiert und mit kaltem Wasser abgeschreckt werden. Dann füllt man sie in ein Schraubverschlussglas und erhitzt sie im Sterilisiertopf auf 70 Grad. Anschließend lässt man sie im Topf erkalten. So sind die Blätter für etwa zwei Jahre konservierbar.

Trauben ernten und lagern

Die Ernte der Weintrauben fällt natürlich und glücklicherweise nicht auf einen Zeitpunkt. Schon innerhalb eines Stockes nicht – es dauert einige Wochen, bis er uns nacheinander, abhängig von der unterschiedlichen Sonneneinstrahlung, all seine reifen Trauben geschenkt hat. Und da Sie, liebe Gärtnerin und lieber Gärtner, auf unsere Empfehlung hin vermutlich Sorten mit verschiedenen Reifezeitpunkten gepflanzt haben, können Sie sich auf den monatelangen Genuss reifer Trauben freuen.

Trauben sollten stets frisch genossen werden, dann entfalten sie ihr Aroma und die gesunden Wirkstoffen am besten. Dies ist ja der famose Vorteil gegenüber den notgereiften Importfrüchten, abgesehen davon, dass wir uns sicher sein können, uns und unseren Kindern wirklich gesunden Genuss zu gönnen. Unseren Reben können wir vertrauen, denn sie enthalten garantiert keine unerwünschten (Schad-)Stoffe.

Reifezeitpunkt

Die Trauben sind reif, wenn sie ihre Farbe geändert haben, zum Beispiel von Grün auf Gelb-Grün oder Rot-Blau übergegangen sind. Mit zunehmendem Zuckergehalt schmecken die Beeren saftiger und süßer, sie schmücken sich jetzt mit einem feinen, sanft glänzenden Wachsüberzug und verströmen einen individuell unterschiedlichen Duft.

Sie werden schon selbst den idealen Erntezeitpunkt herausfinden, denn auf das Vergnügen, erst hier und dort zu naschen, zu vergleichen und sich letztlich für den Schnitt einer Traube zu

Mit einer Gartenschere oder einem scharfen Messer wird die Rebe abgeschnitten.

Eine Öchslewaage.

Trauben ernten und lagern

entscheiden, werden Sie mit Sicherheit nicht verzichten.

Die Öchslewaage

Wer ganz genau wissen will, wann der optimale Erntezeitpunkt gekommen ist, muss sich eine Öchslewaage zulegen (so ermitteln auch die Winzer den Zeitpunkt für die Lese). Sie ist nach ihrem Erfinder Ferdinand Öchsle (1774 – 1852) benannt, einem Apotheker und Goldschmied aus Pforzheim, und dient der Bestimmung der Dichte beziehungsweise des spezifischen Gewichts von Zuckerlösungen.
Die Öchslewaage ist eine Senkwaage oder Spindel, in deren unterem Bereich Blei oder Eisen als Gewichtsbelastung und meist noch das Thermometer ist. Die Öchslegrade zeigen an, um wie viel Gramm ein Liter der entsprechenden Flüssigkeit (in unserem Fall also Traubensaft) mehr wiegt, also schwerer ist, als ein Liter Wasser (= 1000 Gramm).
Ein Traubensaft von 90 Öchsle hat zum Beispiel ein spezifisches Gewicht von 1.090, das heißt, dass ein Liter davon 1090 Gramm wiegt. Trauben schmecken am besten bei 75 bis 90 Öchslegraden. Dann ist das Verhältnis von Zucker und Säuren so harmonisch, dass sich das Aroma am besten entwickeln kann. Bei weniger Öchsle schmecken die Trauben zu sauer, bei mehr zu süß.
Zur Öchslewaage gehört ein Messzylinder, der mit möglichst klarem Saft gefüllt wird. Das Mostgewicht lesen wir mit Hilfe der frei schwebenden Senkspindel an einer Skala ab.
Dieses doch recht aufwändige Verfahren zur Bestimmung des Erntezeitpunkts werden aber nur Perfektionisten anwenden, die ihren Geschmackssinn objektivieren oder ambitionierte Hobbygärtner, die sich als Winzer versuchen wollen. Die meisten von uns werden bei der Beerenlese wohl einfach der eigenen Nase folgen.
Die Ernte ist Krönung unserer Bemühungen, die der Rebstock gleich so mannigfaltig belohnt. Schon der Anblick der edlen Früchte – geborgen im wunderschön gefärbten Blattwerk – ist ein Genuss. Ihr Geruch ist von dezentem Adel und herber Frische, sie schmecken unvergleichlich köstlich und wie sie da so fein glatt, weich und doch fest in der Hand liegen wird selbst unser Tastsinn verwöhnt.

Lagerung

Je nach Sorte beginnt die Ernte im August und kann sich bis in den Oktober hinziehen. Die zähen Traubenstiele sollten nicht von Hand abgebrochen, sondern mit einer speziellen Traubenschere geschnitten werden (eine normale Gartenschere oder ein scharfes Küchenmesser tut es auch).
Frisch geerntet schmecken Trauben eindeutig am besten, leider aber sind sie frisch nur bedingt haltbar. Bestenfalls kann man Trauben – luftig gebettet – in einem kühlen Raum mit hoher Luftfeuchtigkeit einige Wochen lang aufbewahren. Unter Umständen können Sie das „Verwelken" auch noch etwas weiter in die Länge ziehen, wenn Sie die Traube wie einen Blumenstrauß ins Wasserglas stellen. Dann müssen Sie allerdings ein Stück des Holztriebs mit abschneiden.
Sie dürfen die Trauben auf keinen Fall waschen, bevor

Ernten und genießen

Sie sie lagern. Auf den Beeren setzt sich ein Kondensniederschlag ab, ein so genannter Duftfilm. Dieser Schutzfilm sollte bis zum Verzehr erhalten bleiben (kurz vor dem Essen sollten Sie die Beeren natürlich schon waschen).

Damit ein reicher Erntesegen nicht zum Fluch wird, sollten Sie sich darauf einstellen, nach einigen Jahren einen so reichen Ertrag zu haben, dass Sie und Ihre Familie mit dem Essen nicht nachkommen. Sie müssen die Beeren also weiterverarbeiten, wollen Sie sie nicht freiwillig den Vögeln überlassen (was ja auch keine Schande wäre ...). Vermutlich aber sind Sie als Hobbygärtnerin und Hobbygärtner daran gewöhnt, begrenzt haltbare Gartenbeeren nach einer wundersamem Metamorphose als Saft, Gelee oder Likör zu konservieren und werden auch mit Ihren Trauben so manches kulinarische Abenteuer erleben.

Die Heilkraft der Trauben

Schon vor mehr als 2000 Jahren wurde nicht nur der aus Trauben gekelterte Wein geschätzt, sondern die ganze Pflanze galt als Heilpflanze.

„Weinstock. Die Blätter und Ranken der Wein tragenden Reben, fein gestoßen als Umschlag, lindern Kopfschmerzen, mit Graupen Entzündung und Brand des Magens; auch für sich allein aufgelegt, sind sie kühlend und adstringierend. Auch der aus ihm gepresste Saft hilft, getrunken, bei Dysenterie, Blutauswurf, Magenschmerzen und falschem Appetit schwangerer Frauen. Dasselbe leisten die in Wasser mazerierten und getrunkenen Ranken.

Die gummiartige Träne desselben, welche sich unten am Stamm ausscheidet und erhärtet, zertrümmert den Stein, wenn sie mit Wein genommen wird. Eingestrichen heilt sie Flechten, Krätze und Aussatz, man muss aber vorher die Stelle mit Natron reinigen. Mit Öl dauernd eingesalbt, vertreibt sie die Haare, besonders auch die aus den ungebrannten Zweigen ausschwitzende Flüssigkeit; aufgestrichen bringt diese auch Warzen weg.

Die Asche ferner der Zweige und Trester (Pressrückstände nach dem Keltern), mit Essig ausgeschmiert, heilt die am After gebildeten Geschwülste und Feigwarzen. Die Trester endlich helfen bei Verrenkungen, Schlangenbiss und Milzentzündung, wenn sie mit

Rosenöl, Raute und Essig angewandt werden.“
(Dioskurides).

Es wird wohl eher selten vorkommen, dass wir uns auf die heilende Wirkung von Weintrauben bei Schlangenbissen und Aussatz besinnen, aber ihre gesundheitsfördernden Eigenschaften werden auch 2500 Jahre später, nachdem der griechische Arzt diese lexikalische Beschreibung formulierte, hoch gepriesen.

100 Gramm Trauben enthalten 67 Kalorien. Trauben sind ideale Begleiter für Kuren und Diäten, da sie den Körper vollständig entschlacken, aber alle wichtigen Nährstoffe liefern.

Zusammensetzung:

Wasser	81,1 %
Kohlenhydrate	15,2 %
Proteine	0,7 %
Fette	0,7 %
Rohfaser	1,5 %

Ein konkurrenzlos vitales Früchtchen

Traubenzucker: Vier Fünftel der Frucht bestehen aus Wasser, der Rest größtenteils aus Kohlenhydraten und zwar in Form von rasch verfügbarem Traubenzucker (Dextrose) und Fruchtzucker (Fruktose). Dieser Zucker ist

Die Heilkraft der Trauben

Vielseitig, schmackhaft und ausgesprochen gesund: Weintrauben.

Trauben-Attacke auf freie Radikale

Vor allem die Kosmetikindustrie mit ihrem unerschöpflichen Vorrat an Argumenten gegen Falten und Wirkstoffen gegen Hautalterung hat in den letzten Jahren das Hohe Lied auf Antioxidantien gesungen. Um zu verstehen, warum diese Stoffe so wichtig für die Haut und den gesamten Organismus sind (sie sind es tatsächlich!), müssen wir lernen, welche Rolle der Sauerstoff in unserem Körper spielt, und warum Vitamine und andere Mikronährstoffe lebenswichtig sind.

Ohne den Sauerstoff, den wir einatmen, würden wir keine fünf Minuten überleben. Aber – wie so oft – kann zu viel des Guten genau das Gegenteil bewirken. Zu viel Sauerstoff kann sogar tödlich sein, denn dieses Gas kann in unserem Körper aggressive Verbindungen eingehen, die unsere Zellen angreifen und schädigen. Diese hoch aktiven chemischen Verbindungen werden als „freie Radikale" bezeichnet. Sie lassen unsere Haut „schrumpeln", unsere Zellen „rosten", so wie Luft das Eisen rostig macht – es oxidiert.

besonders leicht verdaulich und schnell wirksam. Er geht sofort ins Blut, hebt den Blutzuckerspiegel an und vertreibt Müdigkeit und Konzentrationsschwäche.
Spurenelemente: Trauben enthalten auch jede Menge Spurenelemente, die wir zwar nur in ganz geringen Dosierungen brauchen, dies aber unbedingt. Trauben tragen mit Jod, Zink, Kupfer, Mangan und Selen zur Versorgung mit Spurenelementen bei. Letzteres ist besonders wichtig, denn die meisten von uns haben zu wenig Selen im Blut.
Vitamine: Trauben enthalten Vitamin A und Vitamin C, ungeschlagen sind sie aber als Lieferanten des Vitamin-B-Komplexes, der so wichtig ist für Haut und Haare, Muskeln, Augen, Leber und die Nerven. Außer Vitamin B 12, das nur in tierischer Kost vorkommt, enthalten Trauben alle nötigen B-Vitamine.
Mineralstoffe: Die einmalige Harmonie guter Stoffe in der Traube wird durch ein ausgewogenes Angebot an wertvollen Mineralien komplettiert. Mit einem recht hohen Anteil an Phosphor, Kalium, Natrium, Kalzium und Magnesium spendieren uns Weintrauben lebenswichtige Bausteine für Knochen, Zähne und Bindegewebe, die zudem wesentlich zur Regulierung der Körperflüssigkeit beitragen.

Ernten und genießen

*Augenschmaus und Gaumenfreuden:
Traubenmost und frische Trauben.*

Traubenkur im Herbst

Als Alternative oder Ergänzung zur traditionellen Frühjahrskur bietet sich eine herbstliche Traubenkur an. Wegen ihrer außerordentlichen Fülle an bioaktiven Schutzstoffen für unsere Gesundheit steht die Traube ganz oben auf der Hitliste der stärkenden und heilenden Früchte. Viele Menschen schwören auf den Erfolg von Traubenkuren, mit denen sich Kurorte regelrecht profilieren (berühmt ist etwa die Meraner Traubenkur).

Wir aber haben jede Menge gesunder, frischer, garantiert rückstandsfreier Trauben in unserem Garten und müssen nicht erst verreisen, um unseren Körper einer gründlichen Generalreinigung zu unterziehen. Warum also das Angenehme nicht mit dem Nützlichen kombinieren? Gönnen Sie sich und Ihrer Familie eine herbstliche Traubenkur – die Sie allerdings unter Umständen mit Ihrem Arzt abstimmen sollten.

Der tägliche Traubenbedarf bewegt sich zwischen 300 und 1000 Gramm, die in Meran auf zwei Mahlzeiten verteilt und gegebenenfalls durch ein leichtes Abendessen ergänzt werden. Die Trauben müssen ganz frisch

Glücklicherweise hat sich unser Organismus auf diese Ambivalenz des Sauerstoffs eingestellt. Er nutzt die „guten" Eigenschaften optimal für die lebenserhaltende Verwandlung von Nahrung in Energie und wehrt sich gegen ein Übermaß durch schützende Substanzen, die als Antioxidantien bezeichnet werden.

Die Attacke der freien Radikale auf unsere Zellen findet ständig statt und ist Teil der Lebensprozesse. Allerdings werden diese „natürlichen" Angriffe durch „unnatürliche" verstärkt. Die Umweltbelastungen mit ihrer Fülle an Schadstoffen und Giften wie Autoabgase, Smog, Chemikalien in unseren Wohnungen, Rauch und so weiter intensivieren den Angriff der freien Radikale. Je größer dieser „oxidative Stress" ist, desto mehr Antioxidantien brauchen wir zu ihrer Abwehr.

Zu den wichtigsten Antioxidantien gehören Vitamin C, Vitamin E, Betacarotin, Zink, Selen und Glutathion. Trauben enthalten gleich mehrere Antioxidantien – und darum wird so gern und immer häufiger Traubenkernextrakt zur nahrungsergänzenden Stärkung verabreicht.

Traubensaft

geerntet sein und werden einzeln und langsam gegessen. Jede Beere wird mit der Zunge zerdrückt und sorgsam ausgelutscht, da Vitamine und Salze unter der Fruchtschale angereichert sind. Schale und Kern werden anschließend ausgespuckt – es sein denn, es soll noch eine starke Anregung des Darms bezweckt werden.

Multitalent aus der Apotheke der Natur

Eine Traubenkur dient der allgemeinen Entschlackung, Entgiftung und Stärkung. Sie ist besonders bei Vitaminmangel, Schwächezuständen und nach schweren Krankheiten angesagt.
Im Einzelnen regulieren Trauben den Blutzuckerspiegel und senken den Cholesteringehalt, sie sind gut für die Verdauung, unterstützen das Immunsystem, gelten als Krebs hemmend, stärken Herz und Kreislauf, halten die Arterien frei, festigen Haut, Haare und Nägel – kurzum, sie sind ein wahrer Jungbrunnen.

Traubensaft

Es versteht sich von selbst, dass die Trauben sorgsam verlesen werden müssen,

bevor sie gepresst werden können. Die Trauben sollten um die 70 Öchsle haben, damit das Verhältnis von Zucker und Säure im Saft harmonisch ist.
Beschädigte und angefaulte Früchte müssen aussortiert werden. Vor dem Pressen werden die Stiele entfernt und die Trauben gewaschen, danach sollen sie gut abtropfen.
Für kleinere Mengen genügen die kleinen Saftpressen, die in fast jeder Küche zur Verfügung stehen. Bei größeren Mengen lohnt sich die Anschaffung einer Obstpresse, die – je nach Ausführung – mit bis zu 20 Kilogramm Früchten auf einmal gefüllt werden kann. Die Saftausbeute beträgt bei zehn Kilogramm Trauben etwa sechs bis sieben Liter.
Soll der ausgepresste Saft weiterverarbeitet werden, etwa zu Gelee, muss er nicht eigens geklärt werden. Dann soll die natürliche gelierende Wirkung durch im Saft enthaltene Pektinstoffe erhalten bleiben.
uch wer Wert auf die natürliche Trübung seines Traubensaftes legt, wird den Saft zum Konservieren lediglich erhitzen, aber keine Enzyme hinzufügen, die das Pektin spalten.

Konservieren durch Erhitzen

Der Saft wird auf etwa 75 Grad erhitzt, um Schimmelpilze und Bakterien abzutöten. Rote Rebsorten müssen für ein bis zwei Minuten auf 85 Grad erhitzt werden, damit die Zellen platzen und den roten Farbstoff freigeben. Sonst bleibt der Saft von roten Beeren ähnlich hell wie der von grünen.

Was ist Pektin?

Pektin gehört chemisch zu den Mehrfachzuckern, den so genannten Polysacchariden. Diese Riesenmoleküle sind schwer zu spalten, sie überstehen selbst längere Hitzebehandlungen unbeschadet. Zum Abbau ist ein spezielles Enzym notwendig, das Enzym Pektinase, der einzige Schlüssel, der in das „Schloss" Pektin passt und es knacken kann.
In den Pektinmolekülen ist unter anderem Methylalkohol chemisch gebunden, der durch die Einwirkung der safteigenen Enzyme freigesetzt wird. Das gleiche geschieht durch den Zusatz von Antigel (erhältlich bei der Firma Arauner). Die Freisetzung dieses Methylalkohols (oder Methanols) ist für die Weinbereitung unerläss-

Ernten und genießen

lich. Der Anteil an Methylalkohol ist um so größer, je mehr Pektin eine Frucht von Natur aus hat.
Sie können den Saft kalt in Flaschen füllen und diese im Wasserbad (etwa im Einkochtopf oder im Kessel) erhitzen. Der Topf muss so hoch sein, dass die Flaschen bis zum Hals von Wasser umgeben sind. Hierbei dringt die Wärme verzögert in die Flaschen ein. Sobald die gewünschte Temperatur erreicht ist, werden die Flaschen aus dem Topf genommen, auf möglichst warme Flächen gestellt und sofort mit Gummikappen oder Kronkorken verschlossen.
Alternativ zu diesem Verfahren können Sie den Saft in einem Aluminium- oder Edelstahltopf auf 75 Grad erhitzen und mit Hilfe eines Gummischlauches in die niedriger stehenden Flaschen abfüllen. Die absolut sauberen Flaschen müssen zuvor in etwa 50 Grad heißem Wasser vorgewärmt worden sein.
Die vorgewärmten Flaschen stellen Sie am besten in eine flache Plastikwanne (Wäschekorb). Die Gummikappen werden in kochendem Wasser steril gemacht und mit Hilfe eines Kaffeelöffels auf den Flaschenhals aufgezogen. Die Flaschen müssen unbedingt bis zum Rand gefüllt werden. Falls ein Luftpolster bleibt, besteht die Gefahr von Schimmelbildung an der Oberfläche.

Saft in der Gefriertruhe

Ohne Wärmebehandlung bleibt Saft im Kühlschrank höchstens drei Tage lang haltbar, dann setzt die Gärung ein und es entsteht Most oder Federweißer.
Sie können die Säfte natürlich auch einfrieren – sie sind bei Minustemperaturen von vier bis fünf Grad haltbar. Dazu füllen Sie die Flüssigkeit in Dosen oder Plastikbeutel um. Beachten Sie dabei, dass sich Saft beim Gefrieren ausdehnt. Sie müssen also sowohl in den Dosen als auch in den Beuteln Raum für das sich vergrößernde Volumen frei lassen.

Das Einfrieren ist eine praktische und preiswerte Methode für moderne Haushalte, die in der Regel über Gefriertruhen verfügen.

Köstliches Gelee

Unser frisch gepresster Traubensaft ist die Grundlage für feines, aromatisches Gelee. Ein leckerer Brotaufstrich für die ganze Familie, aber auch eine nette Geschenkidee und ein hübsches Mitbringsel.
Der Saft wird mit der gleichen Menge Zucker (bei fertigem Gelierzucker auf die Angaben des Herstellers achten) zum Kochen gebracht und eingedickt. Nach etwa 15 Minuten machen Sie eine Gelierprobe. Sie können die etwaige Übersüße des Gelees durch Zugabe von etwas Zitronensaft ausgleichen.

Einfach zubereitet: Traubenmarmelade oder Gelee als köstlicher Brotaufstrich.

Traubenkerne und Trester

Rosinen vom eigenen Weinstock

Eine einfache Möglichkeit, Weintrauben zu konservieren, ist die Herstellung von Rosinen. Wir lassen die zum Trocknen bestimmten Beeren bis zur Überreife an der Traube, aber sie lassen sich auch an einem luftigen Platz im Haus und ohne weiteres auch im Freien trocknen – es muss aber heiß und natürlich wirklich trocken sein. In unseren Breiten ist es vermutlich ratsam, den erforderlichen Wasserentzug zu unterstützen, indem wir die Trauben kurz in den Backofen – möglichst mit zirkulierender Luft – legen. Bei einer nicht unterstützten Lufttrocknung müssen wir darauf achten, dass die Früchte nicht faulen.

Die Beeren schrumpeln zu einem gesunden Traubenkonzentrat, das zu annähernd 75 Prozent aus Zucker besteht, aber auch die meisten Wirkstoffe der Traube enthält, vor allem Kalium, Kalzium, Magnesium und Eisen.

Rosinen enthalten viermal so viel Kalorien wie Trauben und sind darum eine Kraftnahrung für den gesamten Organismus.

Korinthen heißen die kleinen, meist kernlosen, dunklen getrockneten Beeren aus Griechenland (nach der Stadt Korinth benannt). Sultaninen stammen aus der Türkei, werden aber auch aus Griechenland geliefert. Sie sind im Vergleich zu Korinthen heller, größer und saftiger.

Außer Korinthen werden Trockenbeeren in der Regel geschwefelt. Üblich ist zudem die Behandlung mit Schwefeldioxid, was allerdings kennzeichnungspflichtig ist. Um etwaige Nebenwirkungen (Durchfall, Kopfschmerzen) derartig behandelter Rosinen brauchen wir uns natürlich nicht zu kümmern, wenn wir unseren Speiseplan mit eigenen Trockenfrüchten bereichern.

Wenn Rosinen tanzen ...

Vermutlich werden nicht nur Ihre Kinder Spaß an einem kleinen Experiment mit Rosinen haben, zu dem lediglich ein großes Glas, Mineralwasser und ein paar Rosinen gebraucht werden. Das Glas wird mit sprudelndem Mineralwasser gefüllt. Wenn wir die Rosinen hineinfallen lassen, sinken sie zuerst zu Boden, dann aber steigen sie wieder hoch und beginnen, sich lustig im Wasser zu drehen.

Rosinen sind kalorienreiche Nährstofflieferanten.

Manchmal muss man einige Minuten warten, bis der Rosinentanz im Wasserglas beginnt. Um so größer ist die Bewunderung der Familie, wenn der kleine Zaubertrick dann doch funktioniert.

Traubenkerne und Trester

Das aus getrockneten Trauben gepresste Traubenkernöl hat mit 80 bis 90 Prozent einen sehr hohen Anteil an ungesättigten Fettsäuren und extrem wenig Linolen-

Ernten und genießen

säure. Darum kann dieses kalt gepresste Öl im Gegensatz zu anderen kalt gepressten Ölen stark erhitzt werden, je nach Traubensorte auf mehr als 200 Grad. Sein Rauchpunkt, die Temperatur also, bei der Öl zerstört wird und anfängt zu rauchen, ist extrem hoch, deshalb eignet sich Traubenkernöl auch zum Braten. Traubenkernöl ist ein hochwertiges und auch recht teures Öl, dessen Preis sich erklärt, wenn man die aufwändige Zubereitung bedenkt. Zwei bis vier Samenkörner sitzen in jeder Beere. Sie müssen gereinigt und getrocknet werden und setzen beim kalten Abpressen etwa die Hälfte des enthaltenen Öls frei – etwa fünf bis zehn Prozent des Samengewichts.

Mit seinem hohen Anteil an Vitamin E, Procyanidin und Lezithin hat Traubenkernöl eine antioxidative Wirkung, einen guten Einfluss auf den Cholesterinspiegel im Blut und das allgemeine Wohlbefinden. Traubenkernöl ist wegen seiner strukturverbessernden und heilenden Wirkung für die Haut auch ein wertvolles Kosmetikum. Es schützt vor freien Radikalen und damit vor vorzeitiger Zellalterung.

Ein Kapitel für sich ist Trester, das Überbleibsel der Maische nach dem Pressen. Der Rückstand aus Schalen, Stielen und Kernen ist ein wertvoller Dünger und außerdem die Grundlage für hochprozentige Genüsse. Auf Tresterschnäpse (Grappa) werden wir später noch ausführlicher zu sprechen kommen.

Wein Marke Eigenanbau

Ob ernsthaftes Experiment oder genüssliche Spielerei: Wein, der aus eigenen Gartentrauben gekeltert wird – das ist schon eine verführerische Vorstellung. Für manchen die Krönung all seiner Gartenkünste, Belohnung für die Mühe, die Erfüllung eines großen Traums: Der eigene Winzer oder die eigene Winzerin zu werden, Gästen köstlichen Rebensaft aus eigener Herstellung kredenzen zu dürfen ...

Allerdings müssen eifrige Hobbykellermeister dafür einen nicht unerheblichen Aufwand betreiben und ob das Produkt dann den Erwartungen entspricht, kann an dieser Stelle natürlich nicht garantiert werden. Die Erwartungen an den Geschmack sollten vielleicht nicht übertrieben hoch sein. Auf jeden Fall ist Ihre Hausmarke unvergleichlich, ein Wein, den Sie Schluck für

Mit Rotwein gegen den Herzinfarkt: Die heilende Wirkung von vergorenem Traubensaft auf unsere Gesundheit ist inzwischen unumstritten.

52

Wein Marke Eigenanbau

Schluck mit besonderer Andacht genießen werden. Und wenn es beim ersten Keltern nicht gleich ein exquisites Tröpfchen wird, exklusiv wird es auf jeden Fall.
An dieser Stelle können wir uns freilich nur auf das Vermitteln von Grundsätzlichem beschränken. Verwiesen sei auf entsprechende Fachliteratur und vor allem auf das „Kitzinger Weinbuch" von Paul Arauner. Aus dem Hause Arauner stammen auch die nötigen Zutaten, die als eigenes Sortiment in manchen Drogerien und Naturkostläden erhältlich sind.
Zur Herstellung von Saft und Wein sind keine besonderen Fachkenntnisse erforderlich, aber um die Anschaffung einer gewissen Grundausstattung kommt der künftige Kellermeister nicht herum.
Folgende Geräte müssen sich Hobbywinzer zulegen, bevor es ans Werk geht:
• Obstpresse
• Kunststoff-Fässer
• Trichterfilter
• Öchslewaage mit Messzylinder
• Handpressbeutel
• 25-l-Ballon
• Gummikappe mit Loch
• Hobby I-Gäraufsatz
• Plastik- oder Gummischlauch (1,50 m lang)

• Flaschenbürste
• Handverkorkapparat
• Naturkorken

Zu diesen einmaligen Anschaffungen kommen noch Ausgaben für Rohstoffe (Zucker, Hefe, Antigeliermittel) hinzu.
Für einen gehaltvollen Wein sind mindestens 80, besser 90 Öchsle notwendig. Bei Zuckermangel, also bei einem Mostgewicht unter 80 Öchsle, muss Zucker zugefügt werden. Das Verhältnis zwischen Mostgewicht und Säure ist ganz entscheidend für den Erfolg der Weinzubereitung. Vom Mostgewicht ist der spätere Alkoholgehalt abhängig und ebenso der Geschmack.

Aus Traubensaft wird Most

Die Trauben können nach dem Waschen mit Hilfe eines Stampfers oder einer Walzenmühle gequetscht (gemaischt) werden. Dabei werden nur die Beeren, nicht aber die Kerne oder Stiele zerdrückt, damit keine Bitterstoffe frei werden, die den Geschmack verschlechtern können. Insbesondere bei der Zubereitung von Rotwein sollte man die Stiele zuvor entfernen („entrappen" oder auch „abbeeren"

heißt das in der Fachsprache), weil Rotwein mehr Gerbstoffe enthält und der Wein bitter und hart schmecken könnte.

Das Keltern

Aus etwa elf Kilogramm Trauben werden etwa zehn Liter Traubenmaische gewonnen. Diese Masse wird mit 20 Millilitern Kitzinger Antigel und einem Kilogramm Kaliumpyrosulfit vermischt. Das Antigel baut das kittende Pektin ab, sodass die Zellen des Fruchtfleisches aufgelöst werden können. Nach fünf bis zehn Stunden lässt sich die Maische gut auspressen. Der beigefügte Schwefel soll den Most bis zur Gärung vor unliebsamen biologischen Veränderungen durch Mikroorganismen und vor Braunfärbung durch Oxidation schützen. Während der Schwefelung bleibt die Maische zugedeckt im Gärbehälter (Glasballon, Plastikbehälter) stehen.
Das Trennen der Maische in ihre festen und flüssigen Bestandteile heißt in der Fachsprache Keltern. Die älteste Methode des Kelterns bestand im Treten der Trauben mit den bloßen Füßen. Das war sicher ein schonendes Verfahren, aber nicht ge-

53

Ernten und genießen

rade besonders hygienisch. Die kleinen Mengen, die wir zu verarbeiten haben, können gut manuell bewältigt werden. Wir füllen die Maische in ein grobes Leinensäckchen oder ein Leintuch (zum Kitzinger-Sortiment gehört ein Perlon-Filterbeutel); das Keltern funktioniert aber auch mit engmaschigen Sieben. Der Saft muss ungehindert durchfließen können und das Fruchtfleisch zurückgehalten werden.

Jetzt wird der Saft auf sein Mostgewicht untersucht und das Säure/Zucker-Verhältnis gegebenenfalls optimiert.

Damit zehn Liter Most um zehn Öchslegrade angereichert werden, benötigt man etwa 240 Gramm Zucker. Der Zucker wird im Most aufgelöst und zwar vor der Gärung. Entgegen landläufiger Meinung wird der Wein durch die Beigabe von Zucker nicht süßer, sondern alkoholreicher. Soll ein zu hoher Säuregehalt des Mostes reduziert werden, muss der Zucker in bis zu zwei Liter Wasser aufgelöst werden. Der Säuregehalt kann auch durch die Beigabe von Kalk verringert werden. Er wird in Wasser eingerührt und mit dem Most vermischt.

Die Gärung

Die Gärung ist ein chemischer Prozess, der durch Hefen in Gang gebracht wird. Sie bewirken die Umwandlung oder Aufspaltung des in den Trauben enthaltenen Zuckers in Alkohol. Mit fortschreitender Gärung sinkt also der Zuckergehalt zugunsten des Alkoholgehalts. Das kann dauern, bis der gesamte Zucker umgewandelt ist. Das Resultat ist dann ein durchgegorener, trockener Wein mit relativ hohem Alkoholgehalt. Enthält ein Most – etwa aus spät gelesenen, süßen Trauben – mehr Zucker, als die Hefen bewältigen können, kommt die Gärung frühzeitig zum Stillstand und der Wein wird süß und alkoholarm.

Schmackhaftes Zwischenprodukt: Federweißer

Unsere Vergärung bringen wir mit Hilfe der Kitzinger Reinzuchthefe (etwa zwei Gramm auf zehn Liter Maische) in Gang. Der Gärprozess soll ständig kontrolliert werden – kosten Sie also regelmäßig! Die Gärtemperatur muss etwa 15 Grad betragen. Bei abklingender Gärung erhalten Sie nach etwa ein bis zwei Wochen als Vorstufe den Federweißen, je nach Gegend auch „Suser" oder „neuer Wein" genannt. Diese hefetrüben, noch gärenden Moste kann man nur in offenen Flaschen aufbewahren, da die entweichende Kohlensäure jeden Korken sofort heraustreiben würde. Sie schmecken erfrischend und süß zugleich, sind vitaminreich und schmecken besonders gut zu Speck- und Zwiebelkuchen.

Schwefeln und Klären

Schon die Römer wussten, dass ungeschwefelte Weine schnell schal und matt werden. Damit der Wein seine fruchtige Frische behält, muss er sofort nach der Gärung durch Schwefel haltbar gemacht werden. Außerdem enthält der junge Wein noch gewisse feste Stoffe, die Aussehen und Geschmack beeinträchtigen. Daher erfolgt drei bis spätestens vier Wochen nach Ende der Gärung der so genannte erste Abstich, dem weitere folgen können, je nach Gärverlauf. Dabei wird der Wein in einen anderen Gärbehälter umgefüllt. Der Bodensatz mit Hefe und festen Stoffen (so genannten Trubstoffen) bleibt zurück. Danach wird

der Wein mit einem Gramm Kaliumpyrosulfit auf zehn Liter geschwefelt.
Von nun an muss der Behälter stets kühl und dunkel lagern. Allmählich stabilisiert sich die Säure, der Wein wird klarer. Gegen Winterende wird zum zweiten Mal abgestochen und wiederum in gleicher Konzentration geschwefelt. Etwa ein bis zwei Monate später kann der Wein in Flaschen abgefüllt werden.
Obwohl der typische Verschluss für Weinflaschen der Naturkorken ist, wird sich der Hobbywinzer der einfacheren Handhabung wegen vielleicht für Flaschen mit Drehverschluss entscheiden.

Weine sind empfindlich und geschmacklich leicht beeinflussbar. Der Vorteil des Naturkorkens ist, dass er bei der Lagerung keine Fremdgerüche aufnehmen kann. Nachteil ist die Gefahr von Schimmel (falls der Korken nicht ganz dicht ist) und von Korkmotten, die ihre Eier am Korken ablegen. Unabhängig von der gewählten Verschlussart ist die Verwendung des Kitzinger Weinhebers zum Abfüllen ratsam. Er kann während der gesamten Gärzeit auf dem Ballon bleiben und erleichtert auch das Probieren.

Alles Essig ...

Das ist das gefürchtetste Ergebnis nach den Mühen des Kelterns: Wenn der Wein nach Essig schmeckt. Essigsäure entsteht aus Hefen und vor allem aus Bakterien, die sich rasch vermehren und aus dem Wein nicht mehr entfernt werden können. Gefährdet sind Weine, die bei zu hohen Temperaturen vergären – zwischen 25 und 30 Grad.
Bereits in der Antike war es daher auch eine beliebte Methode zur Essigherstellung: Nichts zu tun. Im alten Ägypten ließ man Bier oder Wein an warmen Tagen offen stehen – und die Essigsäurebakterien machten sich fleißig an die Arbeit.
Die Gefahr, dass sich der Wein während des Gärens „aus Versehen" in Essig verwandelt, besteht in unseren Breiten aber nur selten, zumal wir mit der Weinherstellung nach der Lese, also im Herbst beginnen, und die für die Essigumwandlung nötige Wärme wird zu dieser Jahreszeit nur selten erreicht.
Wenn wir aber ohnehin einen essigstichigen Wein im Haus haben, können wir aus der Not eine Tugend machen und ihn als Grundlage für die Zubereitung

Traubenessig aus eigener Herstellung.

eigenen Weinessigs verwenden. Im einfachsten Fall lässt man den Wein einfach in einem offenen Gefäß auf einer warmen Fensterbank stehen und wartet. Üblicherweise ist der Wein aber geschwefelt, was die Essigsäurebakterien hemmt. Dann funktioniert das reine Nichtstun nicht und wir müssen unserem Essig ein wenig auf die Sprünge helfen.

Ernten und genießen

Essigbakterien lieben Wärme

Der Ehrlichkeit halber muss darauf hingewiesen werden, dass die Essigherstellung, die ausschließlich auf einer selbst hergestellten Essiggrundlage beruht, ein recht komplizierter Vorgang ist. Einfacher ist es, wenn wir uns im Handel mit fertigem, gutem Weinessig versorgen oder als Starthilfe aktive Essigbakterien kaufen. Aus einem einzigen Fläschchen „Essigmutter" (100 ml) können 20 Liter Essig produziert werden.
Von entscheidender Bedeutung bei der Essigherstellung sind Temperatur und Luftsauerstoff.
Basis für Essig sind immer alkoholhaltige Flüssigkeiten. Unser Wein sollte möglichst hell sein und außer Essigbakterien möglichst wenig andere Mikroorganismen enthalten. Um diese gegebenenfalls abzutöten, ist ein Erhitzen des Weines auf 70 Grad empfehlenswert – nicht höher, weil der Alkohol sonst verdunsten würde. Essigsäurebakterien lieben die Wärme und fühlen sich bei etwa 30 Grad am wohlsten. Bei der industriellen Umwandlung von Alkohol in Essigsäure wird der Behälter mit Luftsauerstoff begast.

Das ist im Haushalt nicht möglich, auch das Einhalten der konstanten Temperatur ist hier schwieriger.
Wir behelfen uns, indem wir einen Ballon oder ein Steingutfass mit einem halben Liter Weinessig füllen und einen halben Liter des erwärmten Weines zuschütten. (Zur Essigherstellung eignen sich auch Gefäße aus Holz, Glas oder Edelstahl. Sie sollten eine große Oberfläche haben, damit möglichst viel Sauerstoff seinen Weg zu den Bakterien findet. Metallgefäße sind ungeeignet, da es zu chemischen Reaktionen mit der Essigsäure kommt.)
Nach altem Hausrezept können wir für zusätzlich saure Atmosphäre sorgen, indem wir ein nussgroßes, in Leinen eingewickeltes Stückchen Sauerteig in das Fass hängen. Für Luftzufuhr sorgen wir, indem wir unseren Behälter täglich schütteln. Die Vermehrung der Essigbakterien regen wir an, indem wir den werdenden Essig zwischendurch erneut mit unserem Konzentrat impfen.
Wir füllen schließlich so lange leicht erwärmten Wein hinzu, bis unser Gefäß voll ist. Das Gefäß, in dem sich der werdende Essig befindet, sollte nur mit einem luftdurchlässigen Kaffeefilter oder einem Wattebausch verschlossen sein, der ab und zu entfernt wird, um Sauerstoff zuzuführen.
Unter guten Bedingungen hat sich der Alkohol nach einigen Wochen in Essig verwandelt. Unseren Weinessig können wir nun nach Belieben mit Kräutern anreichern und ihm unsere eigene Geschmacksnote verleihen. Essig wird in Flaschen abgefüllt und kühl gelagert.

Na denn Prost: Ob selbst gekelterter Wein oder Wein vom Winzer, Hauptsache, er schmeckt.

Geistvolles Nebenprodukt: Tresterbrände

Streng genommen sind Tresterschnäpse – besser bekannt als „Grappa", wie sich aber nur Produkte aus in Italien angebauten und dort destillierten Trauben nennen dürfen – ein Nebenprodukt aus der Weinherstellung. Trester ist das, was übrig bleibt, nachdem der Most aus der Maische gepresst wurde, also die gequetschten Traubenschalen.

Diese enthalten Hefekulturen, die die Gärung in Gang bringen. So funktioniert das beim Most und im Prinzip auch beim Trester, dem zusätzliche Hefe beigefügt wird, bevor ihm mit der Destillation Alkohol entzogen wird.

Weintrinker leben länger ...

„Nur die Dosis macht, dass ein Ding nicht giftig sei", wusste Paracelsus bereits im 16. Jahrhundert, und auf die Notwendigkeit, die Balance zwischen zu viel und zu wenig zu finden, haben wir schon mehrfach hingewiesen. Die Weinrebe ist eine Pflanze des rechten Maßes, und so ist es auch bei ihrem bedeutsamsten Flüssigprodukt, dem Wein.

Alkohol, vor allem in Form von Wein, ist die älteste Medizin des Menschen. Die Bedeutung von Weinen als konservierende Träger für Heilkräuter ist unumstritten. Viele der gesundheitsfördernden Pflanzenstoffe sind in Wasser schwer oder gar nicht löslich, wohl aber in Alkohol. In letzter Zeit kokettieren insbesondere Rotweintrinker immer lauter mit der Behauptung, dass auch der pure Genuss des vergorenen Rebsaftes heilsam sei.

Risikofaktor Alkohol

Seriöserweise wollen wir an dieser Stelle auf die erheblichen gesundheitsschädlichen Risiken hinweisen, die sich bei übermäßigem Alkoholkonsum ergeben. Alkohol in Überdosen schwächt das Immunsystem, schädigt Herz, Nerven und Gehirn. Chronischer Alkoholismus verursacht schwere Vergiftungen, Leber- und Kreislaufschäden, Sehbehinderungen und Neurosen. Abgesehen davon sind die meisten alkoholischen Getränke Kalorienbomben, weil sie viel Zucker enthalten.

Alkohol ist tabu für Menschen, die an Hepatitis, Leber-

zirrhose, Magengeschwüren, chronischen Nierenerkrankungen und Epilepsie leiden.

Das französische Paradoxon

Auf neuere wissenschaftliche Forschungen stützt sich der Autor und Weintrinker Frank Jones bei seiner Behauptung, dass die Wahrscheinlichkeit, früher zu sterben, bei Abstinenzlern höher sei als bei maßvollen Trinkern. „Wer regelmäßig Wein trinkt, lebt länger." Diese so kühne wie sympathische These – die natürlich nicht als Legitimation für Alkoholiker missverstanden werden darf – erscheint uns einer genaueren Betrachtung wert.

Von dem amerikanischen Biologen Raymond Pearl stammt die u-förmige Kurve, die einen Zusammenhang zwischen Alkoholmenge und Sterberate herstellt. Bei einer angenommen Wahrscheinlichkeit von 1,0 für Abstinenzler, an einer Herzkrankheit zu sterben, sinkt das Risiko für diejenigen, die zwei Gläser Alkohol pro Woche trinken, auf 0,9. Mit auf bis zu ein bis zwei Gläser am Tag steigendem Alkoholkonsum nimmt die Sterbehäufigkeit stetig auf bis zu 0,6 ab. Nimmt der Alkohol-

57

Ernten und genießen

konsum danach weiter zu, steigt die Kurve wieder an. Anfang der 90-er Jahre sorgte ein Bericht von Morley Safer im US-amerikanischen Fernsehen für öffentliches Aufsehen. Es ging darum, dass Franzosen sozusagen alles falsch machen, wenn es um ihre Gesundheit geht. Sie joggen nicht, rauchen und essen zu viel Fetthaltiges. Trotzdem sind in Frankreich deutlich weniger Herzkrankheiten als in den Vereinigten Staaten zu verzeichnen – ein Phänomen, das als „französisches Paradoxon" geläufig wurde.

Eine Erklärung für dieses Phänomen ist der regelmäßige, große Alkoholkonsum der Franzosen, und zwar in Form von Wein.

Mehr „gutes" Cholesterin

Wissenschaftlich ist nachgewiesen, dass kleine Alkoholmengen den Anteil von wertvollen Lipoproteinen, dem so genannten „guten Cholesterin", im Blut erhöhen und zugleich verhindern, dass sich schädliche Lipoproteine, das so genannte „schlechte" Cholesterin, an den Gefäßwänden anlagern und Arteriosklerose verursachen. Alkohol hat außerdem einen positiven Einfluss auf die Blutgerinnung.

Insbesondere in Rotwein sind darüber hinaus die bereits erwähnten hochwirksamen Antioxidantien enthalten, die Blutplättchen weniger schnell aneinander heften lassen und damit der Bildung von Blutpfropfen, die zum Herzinfarkt führen könnten, vorbeugen. Einfach ausgedrückt: Ähnlich wie Aspirin macht Alkohol das Blut „flüssiger" und vermindert die Neigung von Thrombose und Schlaganfall.

Mit Wein gegen Krebs

Inzwischen kann es als unzweifelhaft nachgewiesen gelten, dass Wein nicht nur die Herzgefäße schützt, sondern auch die arteriellen Blutgefäße, die das Gehirn und andere Organe versorgen.

Epidemiologische Studien aus der ganzen Welt haben wiederholt bewiesen, dass moderate Alkoholkonsumenten länger und gesünder (und vermutlich glücklicher ...) leben als diejenigen, die abstinent leben – und natürlich auch als diejenigen, die zu viel trinken. Dass weitere Faktoren wie der Verzicht auf Nikotin, viel Bewegung an frischer Luft und eine ausgewogene Ernährung eine große Rolle bei der Gesunderhaltung

unseres Körpers spielen, ist hinlänglich bekannt.

Abgesehen von seiner positiven Wirkung auf die Durchblutung soll Wein vor Infektionen schützen können, insbesondere vor Magen-Darm-Infektionen. Und die in Wein enthaltenen Polyphenole und Enzyme sollen sogar gegen Krebs helfen, indem sie das Wachstum von Krebszellen hemmen, die DNA vor oxidativem Schaden bewahren und die normale Zellteilung und -reifung fördern.

Der gute Geist der Rebe

Zusammenfassend kann festgehalten werden, dass der Geist der Reben dann ein guter ist, wenn der menschliche Geist gut ist. Wenn die Dosis stimmt, wenn Wein maßvoll und mit Verstand genossen wird. Wein ist der ideale Begleiter zum Essen, doch wie viel jeder und jede nun trinken kann, darf oder sollte, dafür gibt es keine allgemein verbindliche Formel.

In Frankreich und Italien, wo Wein während des ganzen Tages getrunken wird und schon zum Mittagessen eine Karaffe Rotwein auf dem Tisch steht, gelten für einen Erwachsenen ein Liter und mehr als „normal", während deutsche Mediziner diese Dosierung mehrheitlich als zu hoch ansehen. Frauen vertragen weniger als Männer, schwere Menschen mehr als leichte. Faktoren wie Ernährung, Stress und die individuelle Konstituierung spielen eine weitere Rolle. Letztlich können der und die Einzelne der Verantwortung für ihre eigene Gesundheit nicht enthoben werden und müssen selbst dafür sorgen, dass der Geist der Rebe ein guter Geist bleibt. In diesem Sinne: Prosit!

Trauben in der Küche – Rezepte

Die Verwendung frischer Trauben in Müsli, Obstsalaten, Quark und als Kuchenbelag ist sehr vielseitig. Mit Trauben und Rosinen lässt sich darüber hinaus manches Gericht verfeinern und erhält eine besondere Note. Unsere Vorschläge verstehen sich als Anregungen und sollen Sie zu eigenen Kreationen inspirieren. So schenken Ihnen Ihre Tafeltrauben mediterranes Flair nicht nur im Garten, sondern verzaubern auch Ihre Küche in ein Paradies südlicher Gaumenfreuden.

Schmackhafter Menüauftakt oder einfach zwischendurch: Weinsuppe mit Trauben.

Weinsuppe mit Trauben

Eine erfrischende, leicht bekömmliche Suppe, die sich bestens als Start für ein herbstliches (Weintrauben-) Menü eignet.

Zutaten für vier Portionen:
2–3 Schalotten oder weiße Zwiebeln (mild)
4 El Butter
1–2 Chilischoten
1–2 TL Kurkuma
500 g Weintrauben
2 Weißbrotscheiben
1 Knoblauchzehe
1–2 TL fein gehackte Petersilie
1/2 l Weißwein
2 Eigelb
Muskat
Salz
Pfeffer
geriebene Schale einer unbehandelten Zitrone

Die Schalotten oder Zwiebeln schälen und sehr fein würfen. In zwei Löffeln Butter behutsam weich dünsten – sie soll auf keinen Fall bräunen. Eventuell mit etwas Wasser besprenkeln, falls sie anzubrennen droht. Die feinst gewürfelten Chilis mitdünsten, schließlich mit Wein ablöschen, Kurkuma einrühren und zugedeckt auf kleiner Flamme zehn Minuten köcheln lassen.
Währenddessen die Trauben abzupfen, halbieren, entkernen und häuten. Die Weißbrotscheiben würfeln, in der restlichen Butter sanft zu Croûtons bräunen, dabei die Knoblauchzehe durch die Presse drücken und die sehr fein gehackte Petersilie hinzugeben.
Eine kleine Schöpfkelle Suppe abnehmen und mit Eigelb verquirlen. Wieder in die Suppe rühren, die jetzt noch einmal erhitzt wird, aber

59

Ernten und genießen

keinesfalls kochen soll, weil sonst das Eigelb gerinnt. Die Trauben in der Suppe erwärmen und kräftig mit Muskat, Salz, Pfeffer und abgeriebener Zitronenschale würzen. In Tassen oder Tellern anrichten, einen guten Esslöffel Croûtons darüber streuen und sofort genießen.

Geflügelsalat mit Trauben

Ein sommerlich leichtes Abendessen, zu dem wir Stangenweißbrot reichen.

Zutaten für vier Portionen:
1 frisches Hähnchen (1 kg)
1 Bund Suppengrün
400 g Salatgurke
4 kleine Tomaten
1 Zwiebel
250 g blaue Weintrauben
200 g Eissalat
3 EL Weinessig
2 EL naturreiner Traubensaft
Ahornsirup
Salz
Pfeffer
3 EL Öl
1 EL fein gehackter Dill

Das Hähnchen innen und außen gründlich kalt waschen. Zwei Liter Wasser mit einem Teelöffel Salz zum Kochen bringen. Suppengrün putzen, waschen und hinzufügen. Das Hähnchen einlegen, den sich bildenden Schaum abschöpfen. Dann

40 Minuten kochen lassen; Topf bis auf einen Spalt zudecken.
Gurke waschen, in Scheiben hobeln, Tomaten waschen und achteln. Zwiebel in Ringe schneiden. Weintrauben häuten, halbieren und dabei entkernen. Salatblätter waschen, trockentupfen und in kleine Stücke reißen.
Das abgekühlte Hähnchen von Haut und Knochen befreien und in etwa drei Zentimeter große Stücke schneiden. Alles locker in einer Schüssel mischen. Den Essig mit dem Traubensaft, einigen Tropfen Ahornsirup und Öl verrühren, mit Salz und Pfeffer abschmecken, über den Salat träufeln und unterheben. Salat mit Dill bestreuen.

Rinderrouladen mit Weintraubenfüllung

Ein deftiges und doch nicht schweres Festessen, das nicht nur sonntags schmeckt. Dazu passen Reis und grüner Salat und ein leichter Weißwein.

Zutaten für vier Portionen:
4 Rinderrouladen
150 g grüne Weintrauben
3 EL gemahlene Mandeln (oder Haselnüsse)
4 Scheiben Schinkenspeck
Pfeffer
Salz

Senf
3 EL Öl (oder 30 g Pflanzenfett)
1/2 l Fleischbrühe
100 ml Rotwein
1 EL Instant-Bratensauce
4 EL Milch oder Sahne

Rouladenscheiben klopfen, mit Pfeffer und Salz würzen, mit Senf bestreichen und mit den Schinkenspeckscheiben belegen. Weintrauben und Mandeln darauf verteilen. Rouladen aufrollen, mit Rouladenklammern (oder Spießen) verschließen.
Das Öl bei starker Wärmezufuhr im Bratentopf erhitzen, die Rouladen hineinlegen und rundherum in 10 bis 15 Minuten gut anbraten. Mit Fleischbrühe und Rotwein übergießen, aufkochen und den Topf schließen. Den Herd auf kleinste Wärmezufuhr zurückschalten. Rouladen in 75 bis 90 Minuten gar schmoren. (Falls das Fleisch nicht gut genug abgehangen sein sollte, kann die Garzeit länger sein!) Rouladen aus dem Topf nehmen und warm stellen. Den Schmorfond entweder pur über die Rouladen gießen oder nach Geschmack mit Instant-Bratensauce binden, mit Milch oder Sahne abschmecken. Der Fond kann bei Bedarf mit etwas Wasser verlängert werden.

Trauben in der Küche – Rezepte

Gefüllte Weinblätter mit Reis

Die Weinblätter werden als Beilage serviert und schmecken warm so gut wie kalt.

Zutaten für vier Portionen:
2 Zwiebeln
2 Tomaten
1 Tasse Wasser
Dill
250 g Reis
1/2 Tasse Olivenöl
Weinblätter
Salz
Pfeffer
Saft von 2 Zitronen

Zwiebeln schälen und klein würfeln, Tomaten heiß überbrühen, häuten und klein schneiden. Zwiebelwürfel mit den Tomaten und dem Wasser zugedeckt dünsten. Dill waschen und klein schneiden. Reis, Dill und zwei Esslöffel Öl zur Zwiebel-Tomaten-Mischung geben, salzen, pfeffern und alles bei milder Hitze zehn Minuten kochen lassen.
Blanchierte Weinblätter auf den Boden des Topfes legen, damit die Röllchen beim Kochen nicht am Topf ansetzen und zerreißen. Die übrigen Weinblätter mit der Rückseite nach oben ausbreiten. Auf das untere Ende jedes Blattes einen Esslöffel von der Reismischung geben. Die seitlichen Blattränder jeweils nach innen schlagen und jedes Blatt vom Stielende her aufrollen. Die Röllchen dicht in mehreren Lagen in den Topf legen, mit dem Zitronensaft und dem restlichen Olivenöl übergießen und so viel Wasser nachfüllen, dass die Röllchen knapp mit Wasser bedeckt sind. Die gefüllten Weinblätter mit einem Deckel, der kleiner als der Topf sein muss, beschweren und aufkochen lassen. Dann den kleinen Deckel entfernen und mit dem passenden Deckel schließen. Bei milder Hitze 30 Minuten kochen.

Ferienstimmung für den Magen mit gefüllten Weinblättern.

Gefüllte Weinblätter mit Pinienkernen

Eine typisch mediterrane Kreation, die Urlaubserinnerungen an Griechenland weckt, ihrem Ursprungsland, wo gern Joghurt dazu gegessen wird.
Außerdem passt griechische Zitronensauce zu diesem Gericht.

Gefüllte Weinblätter mit Pinienkernen: lecker und gesund.

Zutaten für vier bis sechs Portionen:
Für die Füllung:
1/2 l Wasser
1 Gemüsebrühwürfel
1 kleine Zwiebel
2 EL Sonnenblumenöl
300 g Naturreis
1 TL Curry
50 g Pinienkerne
20 g Butter
2 EL gehackte Kräuter (was der Garten hergibt: Petersilie, Thymian, Majoran, Ysop, Basilikum, Bohnenkraut, wenig Weinraute, Salbei, Pfefferminze ...)
3 EL Chutneysauce
abgeriebene Schale von einer unbehandelten Zitrone

Für die Weinblätter:
1/2 l Wasser
1/2 Gemüsebrühwürfel
Salz
Saft von 1/2 Zitrone
30 g Butter
Weinblätter
1/2 Tasse Kochbrühe von den Weinblättern

Für die Füllung das Wasser mit dem Brühwürfel erhitzen. Zwiebel schälen, fein würfeln und in dem Öl goldgelb schmoren lassen. Reis dazugeben und glasig rösten. Zum Schluss kurz den Curry mitrösten. Die heiße Brühe hinzufügen und umrühren. Bei schwacher Hitze etwa 40 Minuten lang garen, bis der Reis gerade eben weich ist.
Die Pinienkerne grob hacken und in der Butter etwas rösten. Kerne, Kräuter, Chutneysauce und die Zitronenschale unter den Reis mischen.
Den halben Liter Wasser mit dem halben Brühwürfel aufkochen und darin nach und nach die Weinblätter blanchieren, mit dem Schaumlöffel herausnehmen und abtropfen lassen. Immer zwei Blätter mit der glänzenden Seite nach unten aufeinander legen. Knapp einen Esslöffel Reis auf die Blätter geben, mit einem dritten Blatt abdecken und zusammenrollen.
Die Weinblattrouladen nebeneinander in einen breiten Topf legen und mit Kräutersalz bestreuen.
Den Zitronensaft und so viel Brühe dazugießen, dass die Weinblätter bedeckt sind. Butter in Flöckchen darüber verteilen. Zudecken und bei geringer Hitze garen.
Beim Anrichten mit Zitronenscheiben verzieren und mit Pinienkernen bestreuen.

Adressen und Literatur

Adressen

Rebschulen und ökologische Winzerbetriebe

Rebschule Pfeiffer
Zum Kurmittelhaus 12
35080 Bad Endbach
Tel. 0 27 76 / 71 86

Rebenveredelung Antes
Königsberger Straße 4
64646 Heppenheim
Tel. 0 62 52 / 77 10 1

Rebveredelung Kappner
Neugasse 10–12
67435 Neustadt-Mussbach
Tel. 0 63 21 / 68 0 57 • Fax 67 0 151

Staatliches Weinbauinstitut
Merzhauser Straße 119
79100 Freiburg
Tel. 0 7 61 / 40 16 5-0 • Fax -70
E-Mail: poststelle@wbi.bwl.de
Internet: www.landwirtschaft-mlr.
baden-wuerttemberg.de/la/wbi/
start.htm

Rebveredelung Alois Huber
Hermannstraße 22
77876 Kappelrodeck
Tel. 0 78 42 / 85 93 • Fax 97 58 2

Rebveredelung F. Henninger
Endingerstraße 49
79346 Endingen-Königschaffhausen
Tel. 0 76 42 / 87 60 • Fax 87 60

Rebveredelung G. Dreher
Erzweg 7
79424 Auggen
Tel. 0 76 31 / 27 55 • Fax 28 62

Rebveredelung W. Ibert
Herrenstraße 24
77955 Ettenheim-Wallburg
Tel. 0 78 22 / 36 24 • Fax 36 24

Rebveredelung H. Gerhart
Bahnhofstraße 29
79361 Sasbach-Jechtingen
Tel. 0 76 62 / 469

Weingut Vorgrimmler
St. Erentrudis-Straße 63
79112 Freibug-Munzingen
Tel. 0 76 64 / 24 89

C. und S. Schneider
Lörracher Straße 4
79576 Weil am Rhein
Tel. 0 76 21 / 72 817 • Fax 78 0 14

Spitalkellerei Konstanz
Brückengasse 16
78462 Konstanz
Tel. 0 75 31 / 28 83 42

Weinkellerei Steinhauser
Raiffeisenstraße
88079 Kressbronn
Tel. 0 75 43 / 80 61

Manfred & Robert Aufricht
Weinkundeweg
88709 Meersburg
Tel. 0 75 32 / 61 23

Staatsweingut Meersburg
Seminarstraße 6
88709 Meersburg
Tel. 0 75 32 / 356 • Fax 358
E-Mail info@
staatsweingut-meersburg.de

Weinbau Erich Gierer
Sonnenbichlstraße 31
88149 Nonnenhorn
Tel. 0 83 82 / 82 91

Rebschule Schmidt
Marktbreiter Straße 30
97342 Obernbreit
Tel. 0 93 32 / 34 52

Rebschule Steinmann
Ochsenfurter Straße
97286 Sommerhausen
Tel. 0 93 33 / 225 • Fax 17 64

Rebschule M. Auer
Rebschulstraße 608
CH-8215 Hallau
Tel. 052 / 681
Internet: www.rebschulen.ch
E-Mail: auer@rebschulen.ch

Landwirtschaftliche Schule
Arenenberg
CH-8268 Salenstein
Tel. 071 / 66 33 223

Bundesverband
Ökologischer Weinbau
ECOVIN
Am Zuckerberg 19
55276 Oppenheim
Tel. 0 61 33 / 16 40 • Fax 16 09
Internet www.ecovin.de

Universität Hohenheim
Fachgebiet Weinbau
Emil-Wolff-Straße 25
70593 Stuttgart
Tel. 0711 / 45 93 558
Fax 0711 / 45 93 946

Bundesanstalt für Züchtungsforschung an Kulturpflanzen

Institut für Rebenzüchtung
Geilweilerhof
76833 Siebeldingen
Tel. 0 63 45 / 410 • Fax 91 90 50

Eidgenössische Forschungsanstalt
für Obst-, Wein- und Gartenbau
CH-8820 Wädenswil
Tel. 0178 / 36 111 • Fax 36 341

Literatur

Werner Fader: Wein im Garten.
blv, München 2000

Sylvia Winnewisser: Gesund und vital
durch Weintrauben. Trias, Stuttgart
1999

Helga Buchter-Weisbrodt: Trauben.
Ulmer, Stuttgart 2001

Hans Ambrosi u.a.: Farbatlas Rebsorten. Ulmer, Stuttgart 1998

Frank Jones: Mit Rotwein gegen
Herzinfarkt. VGS, Köln 1996

Paul Arauner: Weine und Säfte, Liköre
und Sekt selbstgemacht. Falken,
Niedernhausen 1985

Register

Alkohol 57
Alkoholismus 57
Anbinden 32
Anhäufeln 31
Antigel 53
Antioxidantien 47
Apfelsäure 19
Aufheften 30
Ausbrechen 30
Ausgeizen 30

Bacchus 7
Beerenfäule 39
Bienenfreund
 (Phacelia) 27
Blattgallmilbe
 (Eriophyes vitis) 41
Boden 26
Bodenorganismen 27
Bodenunter-
 suchung 26
Bodenverbesse-
 rung 26 f.
Bogenerziehung 33
Brennnesseljauche 37
Bukett 19

Chemikalien 4 f.
Cholesterin 58

Dionysos 7
Drahtgitter 15
Düngung 35 f.

Ernte 43 f.
Ertragssorten 11
Essig 55
EU-Markt-
 organisation 19

Federweißer 54
Frost 25
Fruchtholz 33
Fruchtzucker 47
Fuchsrebe
 (Vitis labrusca) 17

Gärbehälter 53
Gärung 54
Gelee 50
Gerbstoffe 53

Gescheine 30
Gesundheit 46
Grappa 57
Graufäule (Botrytis
 cinera) 39
Gründüngung 26

Hefe 53
Herzerkrankungen 58
Hippokrates 7
Hornmehl 35

Japanische Rebe
 (Vitis coignetiae) 17

Kalium 36
Kaliumpyrosulfit 53, 55
Kalk 36
Karl der Große 8
Keltern 53 f.
Klettergerüste 14
Klima 26
Klöster 9
Kompost 27
Kordonerziehung 29,
 33
Krankheiten 38 f.
Krebs 58
Kreuzblütler 27
Kreuzungen 20
Kübelkultur 17 f.
Küchenrezepte 59 f.
Kulturgeschichte 7 f.

Lauben 15, 29, 35
Laubschnitt 32
Leguminosen 27

Maische 53
Mauerbegrünung 29
Mehltau
 - echter 9, 38
 - falscher 9, 38
Methanol 49
Mineralien 47
Mist 36
Most 53
Mostgewicht 53
Mulchen 26
Mythologie 7

Nährstoffe 35
Netze 42

Öchslegrade 45, 53
Öchslewaage 45
Ökologie 4 f.

Pektin 49
Pergola 15, 29, 35
Pfahl 30
Pflanzabstand 29
Pflanzen 27 f.
Pflanzenbrühe 39
Pflanzengemein-
 schaften 13 f.
Pflanzenjauche 37
Pflanzenrecht 19
Pflanzgut 28
Pflege 25 f., 30 f.
Pfropfhals 31
Pfropfen 10
Phosphor 36
Pilzerkrankungen 38 f.
Pilzerreger 20
Platon 7

Radikale, freie 47
Rankhilfen 14, 30
Rebenerziehung 13, 33
Reblaus (Phylloxera
 vastatrix) 9, 41
Rebpockenmilbe
 (Eriophyes vitis) 41
Reifezeitpunkt 44
Rosinen 51
Rundbögen 15

Sandrebe (Vitis
 rupestris) 17
Schädlinge 38
Schnitt 28
Schwefelung 53 f.
Sommerrebe (Vitis
 aestivalis) 17
Sorten 5 f., 19 f.
 - interspezifische 5
 - neue 21
 - widerstandsfähige 5
Sortenwahl 19 f.
Spalierdrahtrahmen 34
Spaliere 14
Spritzmittel 4 f.
Spurenelemente 36, 47
Standort 25
Stickstoff 35
Stickstoffsammler 27

Streckerziehung 33
Stützen 14

Tafeltrauben 6, 19
 - pilzwiderstands-
 fähige 22 f.
Taubenzucker 46
Traubenkerne 51
Traubenkern-
 extrakt 48
Traubenkur 48
Traubenlagerung 45
Traubensaft 49
Traubenwickler
 - bekreuzter (Lobesia
 botrana) 40
 - einbindiger (Clysia
 ambiguella) 40
Trester 51
Tresterbrände 56

Überdüngung 36
Uferrebe
 (Vitis riparia) 17
Unterlagsreben 11

Vitaceae 11 f.
Vitamine 47
Vitis amurensis 11 f.
Vitis caucasia 11 f.
Vitis vinifera 7 f., 11 f.
Vitis vinifera sativa 7 f.,
 11 f.
Vitis vinifera silvestris
 7 f., 11 f.
Vögel 42

Wasserbedarf 29
Wasserschosse 32
Wein 52 f.
Weinblätter 43
 - gefüllt 61
Weinessig 55
Weinsuppe 59
Weintrauben 6, 19
 - pilzwiderstands-
 fähige 23 f.
Wespen 42
Wildstauden 13

Zapfenerziehung 33
Zapfenschnitt 34
Züchtung 5 f.